Robert Dominic Hülsmeyer

Die ultimative Formel für Bestnoten

Die ultimative Formel für Bestnoten

Lernen zu lernen

Ganz einfach gute Noten

clevere Lerntechniken & geniale Motivationstipps für Schüler

Robert Dominic Hülsmeyer

Robert Dominic Hülsmeyer, Mellontikos Verlag wird vertreten durch:

Straight - Marketing GmbH
Mittenwalderstrasse 5a
82467 Garmisch-Partenkirchen
info@mellontikos-verlag.com
https://mellontikos-verlag.com

Kontakt für Fragen zum Buch, Inhalt oder Download des Audioprogramms:
robert@rd-huelsmeyer.com

1. Auflage 2021

ISBN: 978-3-96709-031-4

Covergestaltung: Casandra Krammer – www.casandrakrammer.de
Fotos: M. F.; www.depositphotos.com, www.shutterstock.com
eBook-Erstellung & Buchsatz: Jana Köbel Autorenservice - www.jana-koebel.de

Inhalt

Motto

Der Druck steigt, die Konzentration lässt nach und die Nerven liegen blank. Frust und Selbstzweifel breiten sich aus. Wer würde aus diesem Chaos nicht gerne ausbrechen und lieber irgendwo chillen? Doch viele müssen in genau jenem Zustand lernen. Denn die nächsten Arbeiten stehen an. Solche oder ähnliche Situationen kennen die meisten Schülerinnen und Schüler. Wenn es nur eine Möglichkeit gäbe, den ganzen Stoff wie ein Schwamm aufzusaugen. Doch das ist gar nicht notwendig!

Für den Schulerfolg ist Selbststeuerung wichtiger als Intelligenz. Das wissen die wenigsten.

Dieses Buch wird dir dabei helfen, exzellente Bestnoten zu schreiben, ohne dafür mehr Zeit zu verplempern. Selbst in Fächern oder bei Lehrern, die du nicht magst. Außerdem lüfte ich das Geheimnis, warum Lerntechniken allein nicht die Lösung sind.

Über den Autor

Robert Dominic Hülsmeyer ist Experte für Emotionspsychologie, Coach und Autor mehrerer Sach- und Hörbücher.

Seine Klienten beschreiben ihn als feinfühlig und beharrlich. Er findet die Nadel im Heuhaufen und eine Zusammenarbeit mit ihm trägt dazu bei, in jedem Gebiet des Lebens Erfolg zu haben – sei es Geld, Business, persönliche Entwicklung, leichteres Lernen oder die Beziehung zu sich selbst und anderen. Robert D. Hülsmeyer kennt die meisten mentalen Herausforderungen und hat fast immer die passende Lösung.

Als Entwickler der Source Code Therapy steht ihm der wahrscheinlich schnellste und beste Methodenkoffer zur Verfügung. Dennoch ist eine Zusammenarbeit mit ihm speziell und nicht zu unterschätzen. Mainstream ist nicht sein Ding. Als Wegweiser stellt er nicht sich ins Rampenlicht, sondern immer seine Klienten. Mit ihm erleben Menschen die Magie der Potentialverstärkung und eine professionelle Tiefe.

www.rd-huelsmeyer.com

1.0 Einführung

„Es ist nicht zu wenig Zeit, die wir haben,
sondern es ist zu viel Zeit, die wir nicht nutzen."
Lucius Annaeus Seneca

Es war Montag früh um 6:30 Uhr. Der Wecker klingelte. „Nur noch 5 Minuten", dachte ich mir. Ich reckte und streckte mich und stand auf. Wie eine Mumie ging ich ins Bad. Nie konnte ich mir merken, ob der Lichtschalter innen oder außen ist. Irgendwann fand ich ihn. Das Licht war grell. Der erste Blick in den Spiegel zeigte mir, dass es am Vortag sehr spät geworden war. „Was war denn da nochmal?", fragte ich mich. „Oh nein, heute steht die Mathearbeit auf dem Programm." Meine fünf Prozent Energie sanken auf null. Die vorherigen Tage hatte ich damit verbracht, für diese Arbeit zu lernen und bekam es nicht in den Kopf. Mathe hasste ich schon immer. Nach dem Waschen zog ich mich an, machte mir ein Pausenbrot, nahm meine Tasche und ging los. Wir schrieben die Klassenarbeit direkt in den ersten beiden Stunden. Ich saß vorne am Fenster. Eigentlich gefiel es mir besser hinten zu sitzen. So kaute ich auf meinem Stift herum, schaute aus dem Fenster und rechnete zwischendurch die Aufgaben, die ich konnte. Ich fühlte mich wie jedes Mal sehr schlecht. Immer hatte ich das Gefühl, einfach zu blöd oder nicht intelligent genug zu sein. Zu diesem Zeitpunkt war mir schon klar, dass ich die Versetzung nicht schaffen würde. Warum sollte ich mich noch anstrengen? Ich hatte einfach keine Lust mehr. Jeden Tag wurde ich damit konfrontiert, wie schlecht ich bin. So gab ich die Mathearbeit ab und ging in die Pause. Den Rest des Schultages träumte ich vor mich hin.

Nachmittags ging ich immer in eine Hausaufgabenbetreuung. Es war nett, unter anderen zu sein, jedoch nervte mich, dass ständig jemand neben mir saß und auf meine Finger schaute. Wieder ein Beweis, dass ich unfähig dazu war, etwas alleine zu schaffen. Aber die Betreuer hatten darin scheinbar ihre Berufung gefunden. Selbständiges Lernen und Verstehen konnte dadurch nicht entstehen. Sie gaben sich Mühe, dennoch half es nicht. Es frustrierte mich von Tag zu Tag mehr. Es war ein innerer Widerstand, den ich nicht durchbrechen konnte und auch nicht wollte. Wenn dir im Fünfminutentakt jemand das Gefühl gibt, alles besser zu können und zu wissen, dann ist das wie eine seelische Misshandlung. Abends war ich meistens so gerädert und platt, dass ich früh eingeschlafen bin. Manchmal nahm ich mir provisorisch noch ein Buch, um mein schlechtes Gewissen zu unterdrücken. In diesem Schuljahr bekam ich dann in sechs Fächern eine Fünf, in den restlichen ausreichend und eine Zwei in Sport. Da wir in dem Jahr in eine andere Stadt zogen, wechselte ich die Schule. Mir graute es schon davor. Dennoch gab es einen Vorteil. Ich bekam drei Monate Probezeit, um mich zu beweisen. Der Deal war, dass ich das Schuljahr gegebenenfalls nicht wiederholen müsste.

Nach den Sommerferien war es soweit. Mein erster Schultag in der neuen Schule begann. Ich traf die Lehrerin vor dem Sekretariat. Sie war blond gelockt, vielleicht Mitte 40 und sehr freundlich. Wir gingen gemeinsam zur Klasse. Sie stellte mich meinen neuen Mitschülern kurz vor und zeigte mir meinen Platz. Vordere Reihe, direkt vor dem Lehrerpult. Mir war das sehr unangenehm, dennoch auszuhalten. Direkt am ersten Tag kündigte die

Lehrerin an, in dieser Woche noch einen Mathetest schreiben zu wollen, um zu schauen, was aus dem Vorjahr hängengeblieben war. Mir lief es eiskalt den Rücken herunter. Sie wiederholte ein paar Aufgaben an der Tafel. Mir war schlecht. Es waren genau die Themen, die ich vor den Ferien in der alten Schule versemmelt hatte. Ich sah meinen Start schon scheitern. Nach dem Schultag machte ich zuhause die Hausaufgaben und stellte fest, dass mir die Berechnungen gut von der Hand gingen. Warum, wusste ich nicht. Irgendwie kam ich jedenfalls auf die Lösungen. Zwei Tage später kam dann der Mathetest. Mir war mulmig und warm. Ich hatte Angst, es wieder zu verhauen. Als die Lehrerin den Aufgabenzettel verteilte, begann ich direkt. Bei der ersten Aufgabe stellte ich fest, dass ich sie gut lösen konnte. Mir fiel auf, dass ich nicht mal den Rechenweg hätte aufschreiben müssen. Ich konnte sie sogar im Kopf lösen und war darüber verwundert. Diesen Zustand kannte ich nicht. Doch es motivierte mich. Ich hatte das Gefühl, endlich mal etwas zu schaffen. Bei Aufgabe 3 war ich bereits so aufgeputscht von positiver Energie, dass mein ganzer Körper kribbelte. Dann rutschte mir die Frage heraus, ob man die Rechenwege unbedingt aufschreiben müsse oder ob man es auch im Kopf rechnen könne. Die gesamte Klasse lachte. Die Lehrerin schaute mich irritiert an und sagte: „Jetzt gib mal nicht so an und schreib schön die Rechenwege mit auf." Doch auch dieser Spruch und das Lachen konnten mich nicht beirren. Ich war wie in einem Tunnel, in dem es nur Erfolg zu geben schien. So löste ich alle Aufgaben brav mit dem dazugehörigen Rechenweg und gab den Zettel nach 25 Minuten ab. Ich durfte dann in die Pause gehen. Am nächsten Tag gab es den Test zurück. Diesen Moment werde ich nie vergessen. Als einziger Schüler in der Klasse hatte ich die volle Punktzahl. Eine Eins. Bis zu diesem Tag hatte ich nie einen so grandiosen Erfolg. Ich wusste nicht, wie das passieren konnte. Es fühlte sich aber großartig an. Während die Lehrerin über die Arbeit sprach, rutschte es mir raus. „Ich bin der Beste!", sagte ich. Die Klasse lachte wieder. Dieser Satz begleitete mich weitere Jahre in der Schule. Denn es war der Beginn einer neuen Geschichte, die ich erlebte. In fast jedem der darauffolgenden Schuljahre erhielt ich immer das stufenbeste Zeugnis. Auf meinem letzten Zeugnis hatte ich einen Durchschnitt von 1,5. Meine Klassenkameraden erlebten eine harte Zeit mit mir, denn bei der Rückgabe fast jeder Klassenarbeit kam mein Satz: „Ich bin der

Beste." Vielleicht findest du das auch ein wenig übertrieben. Mich hat es jedoch extrem gepusht.

Wenn du wissen möchtest, wie mir dieser krasse Shift von einem Fünfer-Kandidaten zu einem Top-Leistungsträger gelungen ist, dann wirst du in diesem Buch genau erfahren, welche Tipps und Tricks mein Leben verändert haben.

Ich zeige dir ganz genau, wie Lernen wirklich funktioniert, ohne dafür auch nur einen Handschlag mehr zu tun. Wir machen einfach etwas anders. Du erfährst, wie du dein Gehirn und dein Unterbewusstsein optimal auf Erfolg einstellst und dabei den Fokus behältst. Solltest du jetzt befürchten, dass du dadurch weniger Freizeit hast, dann kann ich dich beruhigen. Vermutlich wirst du sogar noch viel mehr davon haben. Du bekommst von mir alle Informationen zur perfekten Lernumgebung, findest heraus, welcher Lerntyp du bist und welche Techniken und Methoden dich zu einer Wissensmaschine machen werden. Selbst in Fächern, die du nicht magst und auch bei Lehrern, die du ablehnst. Ich zeige dir alle Tipps und Tricks, die mir jegliches schlechte Gefühl genommen haben, wie du dich auf eine Arbeit oder Prüfung vorbereitest und wie du in Drucksituationen völlig gelassen wirst. Es gibt nämlich ein paar Geheimnisse, die dich so selbstbewusst und selbstsicher machen werden, dass Erfolg fast schon eine Garantie ist.

Das Einzige, was du tun musst, ist dieses Buch komplett von vorn bis hinten durchzulesen und dich einfach an die Anleitungen zu halten. Selbst, wenn du gerade in einer sehr schwierigen Phase bist und völlig unter Druck stehst. Entspanne dich, lehne dich zurück. Lies dieses Buch und kremple alles Schritt für Schritt um.

Ich bin an deiner Seite.

Mit den besten Wünschen
Robert D. Hülsmeyer

2.0 Was willst du erreichen?

„Nur wer seine Ziele kennt, findet den Weg."
Laozi

Vielleicht hältst du dieses Buch just for fun in deinen Händen. Es kann aber auch sein, dass du bereits ein klares Ziel hast. Oft scheitern Dinge im Leben, weil wir nicht genau wissen, was wir möchten. Und deswegen richte ich jetzt die Frage an dich: „Was möchtest du erreichen?" Denn es besteht ein Unterschied darin, ob du nur ein paar Lerntechniken kennen lernen möchtest, oder ob du großen Erfolg anstrebst. Deswegen bitte ich dich jetzt, dir die folgenden Fragen durchzulesen und zu beantworten. Dabei ist es wichtig, vollkommen ehrlich zu sein.

Was will ich konkret mit diesem Buch erreichen?

Es gibt Schülerinnen und Schüler, die möchten nur durch die Schule kommen. Dagegen wollen sich andere gerne zu einem Überflieger entwickeln. Sie haben Freude daran, Spitzenleistungen zu vollbringen. Letztlich ist es aber so, dass jeder diese Entscheidung für sich treffen muss. Es ist keine Schande, wenn man nicht zu dem einen Prozent der Lernenden gehören möchte, die exzellente Leistungen erzielen. Wichtig ist, dass man exakt weiß, was man will und wo die Reise hingehen soll. Du kannst dir das Ganze vorstellen wie die Eingabe in ein Navigationssystem. Gibst du das falsche Ziel ein, dann wirst du auch dort ankommen.
Und deswegen ist es wichtig, sich von Anfang an im Klaren darüber zu sein, was man selbst möchte. Dabei geht es nicht darum, was die Lehrer, Eltern oder das soziale Umfeld erwarten. Sondern einzig und allein, was dir entspricht.

Was hat mich bisher daran gehindert, genau das zu erreichen?

Bei der Zielsetzung solltest du dir Gedanken machen, welche Hindernisse dir im Weg stehen oder bisher im Weg standen. Denk mal darüber nach, wieso du dein Ziel nicht schon längst erreicht hast. Was waren also die konkreten Dinge, die dir bisher den Weg versperrten? Hattest du nicht die richtigen Lerntechniken? Oder hast du Schwierigkeiten damit, negative Gedanken, Gefühle und Emotionen wieder in positive Bahnen zu lenken? Es kann auch sein, dass du den Wald vor lauter Bäumen nicht siehst, weil dir alles chaotisch vorkommt. Vielleicht ist es auch etwas anderes. Was immer es ist, mach es dir bewusst.

Warum will ich das erreichen?

Um genügend Motivation zu tanken, ist ein wesentlicher Bestandteil die Antwort auf die Frage: "WARUM?" Sie entscheidet darüber, wie wichtig es einem selbst ist, das Ziel zu erreichen. Wenn das „WARUM" keine Begierde auslöst, dann glaubt das Gehirn, dass dieses Ziel unwichtig ist.

Was ist also dein emotionaler Grund? Achte bei der Beantwortung dieser Frage darauf, dass du sie nicht negativ formulierst. Sätze wie: „Damit ich weniger Druck habe", sind eher ungeeignet. Solche Antworten lösen keine positiven Emotionen aus. Male dir aus, was du später einmal haben oder sein möchtest. Dann gelangst du in die richtige Richtung. Mein früheres „WARUM" war, dass ich unbedingt studieren wollte, um im Anschluss einen gut bezahlten Job haben zu können. Mir war es wichtig, viel Geld zu verdienen, damit ich meiner Familie und mir ein sorgenfreies Leben leisten kann. Ich wollte hochwertige Autos fahren und so viel Geld haben, um Menschen in meinem Umfeld große Geschenke zu ermöglichen. Das waren die Gedanken während meiner Schulzeit. Sie motivierten mich, ab der siebten Klasse richtig Gas zu geben. In der Zeit davor war mir tatsächlich alles egal. Ich hatte nicht mal die Idee, dass überhaupt irgendetwas aus mir werden könnte. Daher war ich auch bis zu diesem Zeitpunkt eher ein unterdurchschnittlicher Schüler. Als ich jedoch mein „WARUM" klar hatte, ging es steil bergauf.

Wer oder was setzt mich unter Druck?

Manchmal ist es so, dass wir uns extrem unter Druck gesetzt fühlen. Teilweise tun wir das selbst. Oft sind es aber andere Personen aus unserem Umfeld. Das können Eltern, Lehrer oder Mitschüler sein. Du solltest wissen, dass Druck in der Regel ein sehr schlechter Berater ist. Ich weiß, dass es Menschen gibt, die nur so aus dem Sessel kommen. Doch das ist ein erlerntes Verhalten und völlig ungesund. Wenn du dich von dir selbst oder anderen unter Druck gesetzt fühlst, dann solltest du unbedingt lernen, diesen Prozess zu stoppen. Das klingt komplizierter, als es ist. Im Laufe des Buches zeige ich dir, wie das gelingt.

Wie möchte ich mich beim Lernen und in der Schule fühlen?

Solltest du beim Lernen oder in der Schule negative Gedanken, Gefühle oder Emotionen haben, dann ist es wichtig, diese Frage umso genauer zu beantworten. Viele Schülerinnen und Schüler wissen genau, wie sie sich nicht fühlen möchten, sie haben aber keine Vorstellung davon, wie sie sich stattdessen fühlen möchten. Das ist oft der Grund, warum die Negativität bleibt. Denn unser Gehirn benötigt die Antwort auf diese Frage in einer ganz bestimmten Form, damit es Realität wird. Wenn jemand zum Beispiel Prüfungsangst hat und nicht genau definiert, wie er sich in dieser Situation vor der Prüfung genau fühlen möchte, dann ist das wie eine Fehleingabe ins Navigationssystem. Beantworte die Frage so genau wie möglich. Wie du dein Gehirn später darauf umprogrammierst, erfährst du im weiteren Verlauf. Dann kannst du genau überprüfen, wie gut es funktioniert.

Vielleicht merkst du schon, dass es sehr viele Fragen gibt, die zu beantworten sind. Nimm dir also bitte die Zeit, sie so exakt wie möglich für dich zu klären. Denn es ist eine wichtige Grundlage, um beim Lernen und in der Schule erfolgreich zu werden.

Beantworte folgende Fragen, um die Inhalte zu verinnerlichen:

- Was will ich erreichen?
- Was hat mich bisher daran gehindert, genau das zu erreichen?
- Warum will ich das erreichen?
- Wer oder was setzt mich unter Druck?
- Wie möchte ich mich eigentlich beim Lernen und in der Schule fühlen?

3.0 Lernen lernen

„Lernen ist wie Rudern gegen den Strom.
Hört man auf, dann treibt man zurück.“
Laozi

Hast du dir schon einmal die Frage gestellt, was Lernen eigentlich bedeutet? Wenn du das Internet durchsuchst, dann findest du zahlreiche Definitionen und Theorien. Ganz einfach ausgedrückt ist Lernen der Aufbau von Wissen und Fähigkeiten. Um das zu ermöglichen, müssen wir einen bestimmten Weg gehen. Vielleicht kennst du den Spruch: „Viele Wege führen nach Rom.“ Und genauso ist es beim Lernen. Auch hier gibt es mehrere Möglichkeiten. In einem Lernprozess unterscheide ich drei verschiedene Ebenen.

Ebene eins: Neues Wissen oder neue Fähigkeiten aufnehmen

In dieser Ebene wird neues Wissen oder eine neue Fähigkeit aufgenommen. Wir erhalten die Informationen und nehmen sie in uns auf. Wenn zum Beispiel im Matheunterricht eine neue Formel besprochen wird, dann lernen wir sie zunächst kennen. Wir beginnen zu verstehen, wie sie funktioniert und wie sie angewendet wird. Das bedeutet aber noch nicht, dass wir die Formel dann in jeder Situation anwenden können. Denn dafür ist erst die Ebene zwei zuständig. Im ersten Schritt steht das Kennenlernen im Vordergrund.

Ebene zwei: Wissen und Fähigkeiten trainieren

In der zweiten Ebene haben wir bereits neues Wissen kennengelernt. Uns ist bekannt, dass es existiert und auch grob, wie es funktioniert. Jetzt geht es aber darum, dieses Wissen und diese Fähigkeiten zu festigen. Das bedeutet, sie in Fleisch und Blut übergehen zu lassen, also einen Automatismus herzustellen. Wenn jemand eine neue Matheformel kennenlernt, dann wird sie in der Ebene zwei trainiert. Wir trainieren sie so lange, bis eine Gewohnheit hergestellt wurde. Dadurch ist es dann möglich, Aufgaben blitzschnell zu lösen, ohne viel nachdenken zu müssen.

Ebene drei: Erlernte Fähigkeiten im richtigen Moment abrufen

Die dritte Ebene wird sehr gerne vergessen. Hier geht es darum, die erlernten Fähigkeiten und das erlernte Wissen im richtigen Moment abrufen zu können. Vielleicht kennst du auch Situationen, in denen du wirklich sehr viel gelernt hast und im entscheidenden Moment war alles weg. Viele sprechen in solchen Situationen von Lampenfieber oder Blackout. Diese Ebene ist neben den beiden anderen jedoch eine der wichtigsten. Denn was bringt uns das ganze Wissen, was bringen uns die ganzen Fähigkeiten, wenn wir sie im entscheidenden Moment nicht abrufen können. Und deswegen müssen wir zusätzlich lernen, dieses Wissen auch wiederzufinden, sobald wir es benötigen.

Lernen ist nicht gleich Lernen. Anhand der drei Ebenen kannst du feststellen, dass ein Lernprozess viel tiefgründiger ist, als du bisher vermutet hast.

Neben den drei Lernebenen gibt es auch noch drei Lernarten. Oft erlebe ich es, dass Lerntechniken ausprobiert werden, die nicht zur jeweiligen Art des Lernens passen. Um dieser Gefahr zu entgehen, zeige ich dir im Folgenden die drei Arten.

Fakten lernen

Wie der Name schon sagt, geht es bei dieser Art darum, Fakten zu lernen. Wir bekommen klare Vorgaben, zum Beispiel englische Vokabeln. „Gut" heißt „good", „Haus" heißt „house" und „Schule" heißt „school". Hier geht es einfach darum, ganz klar vordefinierte Fakten auswendig zu lernen. Du musst dabei weder die englische Sprache beherrschen noch irgendwelche Experimente machen, um herauszufinden, wie es funktioniert. Auch musst du keine Formel aus irgendeinem Beispiel auf eine andere Aufgabe anwenden. Genauso ist es, wenn du im Fach Geschichte etwas über den Nationalsozialismus liest. Dann geht es nur darum, dieses Wissen aufzunehmen, zu behalten und im richtigen Moment wiedergeben zu können.

Auf vorhandenem Wissen aufbauen

Neben dem einfachen Lernen von Fakten gibt es die Situationen, in denen wir vorhandenes Wissen abrufen müssen, um eine Aufgabe lösen zu können. Wenn du beispielsweise im Fach Mathematik eine Formel bekommen hast, dann ist sie erstmal ein Fakt. Du kannst sie auswendig lernen und vertiefen, damit du sie jederzeit abrufen kannst. Auch eine Beispielrechnung ist erstmal nur ein Fakt. Es ist jedoch so, dass du damit noch nicht in der Lage bist, jede einzelne Aufgabe, auf die diese Formel zutrifft, zu lösen. Denn jetzt musst du das vorhandene Wissen auf andere Aufgaben anwenden und übertragen. Und dabei befinden wir uns in der Lernart Nummer zwei, dem Aufbau auf vorhandenem Wissen. Auch hier durchlaufen wir wieder alle drei Ebenen.

Wir nehmen das Wissen auf, trainieren es und sorgen dafür, dass wir es in sämtlichen Situationen abrufen können.

Trial and Error

Fakten lernen und der Aufbau auf vorhandenem Wissen sind die eine Sache. Kommen wir jetzt zur dritten Lernart. Ich nenne sie Trial and Error. Das bedeutet so viel wie Versuch und Fehler. Bei dieser Lernart ist es so, dass wir keine Vorgaben haben, die wir auswendig lernen müssen. Ebenso müssen wir nur beschränkt auf vorhandenem Wissen aufbauen. Hier geht es vielmehr darum, etwas auszuprobieren, um dann aus der Erfahrung der Ergebnisse lernen zu können. Hier steht also die Individualität eines Schülers oder einer Schülerin im Vordergrund. Stell dir mal vor, du hast im Mathematikunterricht eine Textaufgabe, dazu keinerlei Referenzwerte und Beispiele. Dein Job wäre es, dennoch Wege zu finden, um die Aufgabe zu lösen. Trial and Error kann daher sehr zeitintensiv sein. Jedoch sind die eigenen Erfahrungen durch nichts zu ersetzen. Du wirst die Ergebnisse aus diesem Prozess wahrscheinlich niemals vergessen.

Ich empfehle meinen Klienten gerne, dass sie sich in ihrer Lernplanung Zeiträume für die einzelnen Ebenen und Lernarten einteilen. Das bedeutet, dass man nicht nur fächerweise lernt, sondern nach den Ebenen und Lernarten. Das hat den Vorteil, dass wir nicht zwischen verschiedenen Denkmustern wechseln müssen, sondern diese weiter vertiefen. Das kann bedeuten, dass man zwischen unterschiedlichen Fächern hin und her switcht, sich aber dafür einen bestimmten Zeitraum auf ein Denkmuster konzentrieren kann. So bleibt man deutlich länger im Fluss und wird weniger abgelenkt. Wie du deine Lernplanung genau durchführen kannst, das erfährst du zu einem späteren Zeitpunkt in diesem Buch.

Beantworte folgende Fragen, um die Inhalte zu verinnerlichen:

- Wie heißen die 3 Ebenen des Lernens?
- Wie heißen die 3 Arten des Lernens?

3.1 Gehirngerechtes Lernen

„Der schulische Erfolg hängt davon ab, wie gut beide Gehirnhälften miteinander vernetzt sind.“
Robert D. Hülsmeyer

Als ich damals in der schwierigsten Zeit meiner schulischen Karriere war, fühlte sich alles an wie ein großes Chaos. Mir war nicht klar, dass es verschiedene Ebenen und Lernarten gibt. Zudem war mir nicht bewusst, wie das menschliche Gehirn funktioniert. Dabei ist es so essenziell, wenn man Frustration und Zeitverschwendung vermeiden möchte.

Ich habe locker die doppelte Zeit am Schreibtisch verbracht, als meine Noten noch unterirdisch waren, im Vergleich zu der Zeit, als ich ein Spitzenschüler war. Der einzige Unterschied war, dass ich meine Motivation auf einem sehr hohen Level halten konnte und ein viel besseres Verständnis für gehirngerechtes Lernen hatte. Im Folgenden möchte ich mit dir eine Reise durch das Gehirn, das Unterbewusstsein und weitere wirksame Bausteine machen, die es mir ermöglichten, von einem Fünfer-Kandidaten zu einem Einser-Schüler zu werden.

Wie das Gehirn beim Lernen funktioniert

Nun bekommst du von mir einen kleinen modellhaften Einblick in die moderne Hirnforschung. Dabei verzichte ich auf viele wissenschaftliche Details. Schließlich wollen wir uns nur das herausgreifen, was dir weiterhilft, um bessere Ergebnisse zu erzielen.

Wir Menschen haben zwei Bereiche im Gehirn. In einem Teil sitzt der Verstand. Dort werden logische und analytische Prozesse verarbeitet. Zahlen, Daten und Fakten werden geplant und verwertet. Informationen und Fakten werden geschaffen. Damit du es dir besser merken kannst, nennen wir diesen Bereich die linke Gehirnhälfte. In der rechten Gehirnhälfte hingegen befinden sich unsere Emotionen. Gefühle und Triebe werden hier verarbeitet. In diesem Bereich entsteht das bildhafte Denken. Die rechte Gehirnhälfte ist somit dafür verantwortlich, Emotionen zu produzieren. Diese wiederum sind wichtig für deinen Lernprozess. Die meisten versuchen, stur Fakten auswendig zu lernen. Doch das funktioniert nicht, wenn wir zu sehr in der linken und logischen Gehirnhälfte arbeiten. Ein guter Lerneffekt entsteht tatsächlich erst, wenn wir Fakten mit positiven Elementen aus der rechten Gehirnhälfte verbinden, zum Beispiel gute Gefühle oder witzige Bilder. Wie du das genau machst, erfährst du im späteren Verlauf des Buches.

Der Erfolg in den schulischen Leistungen hängt davon ab, wie gut jemand beide Gehirnhälften auf positive Weise miteinander vernetzen kann. Was viele nicht wissen, ist, dass die rechte Seite des Gehirns dafür verantwortlich ist, ob etwas wichtig ist oder nicht. Wenn du die emotionale Seite richtig einsetzt, dann ist das wie ein Befehl für dein Gehirn, sich die Dinge zu merken. Denn alles, was wichtig ist, bekommt einen höheren Stellenwert und kann auch leichter wieder abgerufen werden. Alles, was weniger relevant ist, das wird wieder vergessen.

Beantworte folgende Fragen, um die Inhalte zu verinnerlichen:

- Welche zwei Bereiche gibt es im Gehirn?
- Welcher Bereich ist für was im Gehirn zuständig?

Das Unterbewusstsein

Vielleicht hast du schon einmal von den verschiedenen Bewusstseinsebenen des Menschen gehört. Grob betrachtet gibt es drei Ebenen. Das Bewusstsein, das Unterbewusstsein und das Unbewusste. Wie der Name schon sagt, ist das Bewusstsein der Zustand, in dem uns etwas bewusst ist. Wenn du am Schreibtisch vor deinen Büchern sitzt und du dir bewusst bist, dass du dort bist, dann ist das ein bewusster Zustand.

Das Unterbewusstsein ist hingegen wie ein Datenspeicher. Alles, was du glaubst, was dich motiviert, deine Gewohnheiten, wie du dich selbst wahrnimmst, ob du dir vertraust oder nicht, all das ist hier gespeichert. Es wird abgerufen, sobald diese Informationen benötigt werden.

Nun ist es so, dass im Unterbewusstsein ebenso all deine Lerninhalte abgespeichert werden, sofern du das möchtest. Und genau hier liegt der Knackpunkt. Viele Menschen wissen nicht, wie dieser Prozess funktioniert. Deswegen sind sie frustriert. Daher tauchen diese ganzen Probleme auf. Wir produzieren sie selber und merken es oft nicht. Das Unterbewusstsein tut exakt das, was wir ihm befehlen. Darin macht es keine Fehler. Wir geben uns selbst das Kommando, in bestimmten Situationen konzentriert und aufnahmefähig zu sein oder eben nicht.

Der Schlüssel liegt darin zu verstehen, wie das Unterbewusstsein funktioniert und welche Sprache es spricht. Wenn wir beispielsweise Fahrradfahren lernen, aber noch nie gefahren sind, ist es wichtig, unserem Gehirn die Abläufe immer wieder zu zeigen. Das funktioniert dadurch, dass wir uns auf das Fahrrad setzen und versuchen, alle Sinne und motorischen Abläufe gleichzeitig zu koordinieren. Das Unterbewusstsein unterstützt uns darin, weil es wie ein Befehl wirkt. Irgendwann klappt es und wird zu einer festen Gewohnheit. Danach brauchen wir nicht mehr darauf achten, das Gleichgewicht zu halten. Es hält sich von selbst. Genauso ist es beim Lernen von schulischen Themen. Wenn wir beide Gehirnhälften ideal miteinander synchronisieren, öffnet sich das Unterbewusstsein und das Gelernte wird abgespeichert. Tun wir das nicht, macht es dicht und wir können die gewünschten Informationen nicht abrufen oder es wird erst gar nicht aufgenommen.

Die Frage ist daher, wie es im Unterbewusstsein übersetzt wird. Wenn ein bestimmtes Gefühl da ist, wirkt es auf das Unterbewusstsein wie ein Befehl, dieses aufrecht zu erhalten und mehr davon zu produzieren. Vielleicht verstehst du jetzt, warum viele Schüler und Schülerinnen das Lernen nicht in den Griff bekommen. Wenn du zum Beispiel frustriert bist, dann sucht dein Unterbewusstsein nach Möglichkeiten und Wegen, wie du deine Frustration weiter vertiefen kannst. Es glaubt, dass wenn du traurig bist, du dir das bewusst ausgesucht hast. Das Wichtigste, was du verstehen musst, ist, dass dein Unterbewusstsein deine aktuelle Gefühlssituation als Befehl annimmt, noch mehr davon zu produzieren. Genauso ist das auch mit Gedanken, Emotionen und Verhaltensweisen. Du versuchst, konzentriert das Gleichgewicht auf dem Fahrrad zu halten und dein Unterbewusstsein gibt dir immer mehr Stabilität. Bist du dabei frustriert, kommt vermehrt Frust auf. Bist du entspannt, dann lernst du entspannt.

Kommen wir zum nächsten Geheimnis. Viele Menschen wissen nicht, dass das Unterbewusstsein ständig alle Sinne miteinander verknüpft und diese Kombinationen abspeichert. Wenn jemand einen schlechten Tag hat und sich schwach fühlt, aber anfängt zu lernen, verknüpft das Unterbewusstsein dieses Gefühl von Schwäche mit dem Lernen. Die Folge kann sein, dass man selbst an einem guten Tag nach wenigen Minuten des Lernens wieder diese Schwäche spürt. Das Unterbewusstsein erinnert sich daran, dass „Lernen" ein Gefühl von „Schwäche" bedeutet. Dabei hat es damit gar nichts zu tun. Viele denken das aber. Vielleicht erkennst du jetzt, wie einfach und primitiv das menschliche Unterbewusstsein ist. Aber genau das ist deine große Chance. Wenn du weißt, wie es funktioniert und das auch verkörperst, dann kannst du mit simplen Techniken riesige Erfolge erzielen.

Nun verrate ich dir noch ein drittes Geheimnis. Die Wenigsten haben ein Gespür dafür, wie sie sich eigentlich fühlen möchten und deswegen ändert sich nichts. Wenn du dich eingeschränkt fühlst und dein Unterbewusstsein noch mehr Einschränkung produziert, was passiert dann, wenn du stattdessen Mut und Gelassenheit empfindest? Genau! Das Unterbewusstsein produziert noch mehr Mut und Gelassenheit. Wenn du negative Gefühle unterbrichst, dann das Gefühl von Mut oder Gelassenheit produzierst und das häufig wiederholst, gewöhnt sich das Unterbewusstsein an diesen Ablauf und macht das irgendwann automatisch. Es unterbricht von allein die negativen Zustände und lässt Mut und Gelassenheit entstehen.

Du musst nichts weiter tun, als dem Unterbewusstsein in seiner Sprache die exakte Anleitung zu geben. Das wiederholst du dann, bis es ein automatisches Programm wird. Funktionieren tut das mit allen Gedanken, Gefühlen, Emotionen und Verhaltensweisen. Mehr erfährst du später bei den Techniken und Methoden.

Beantworte folgende Fragen, um die Inhalte zu verinnerlichen:

- Welche drei Ebenen gibt es im Unterbewusstsein?
- Wie reagiert das Unterbewusstsein, wenn man frustriert ist?
- Wie reagiert das Unterbewusstsein, wenn man sich mutig und stark fühlt?
- Wie lässt sich das Unterbewusstsein beeinflussen?

Ein Bild sagt mehr als 1000 Worte

"Wer in Bildern sprechen kann,
macht Gespräche lebendig und erlebbar."

Johannes war ein sehr liebenswürdiger und dennoch schwieriger Schüler. Sein größtes Problem bestand darin, etwas auswendig zu lernen. Er hatte Schwierigkeiten dabei, englische Vokabeln zu lernen, Texte und Gedichte auswendig zu lernen und sich beim Lesen auf den Inhalt des Textes zu konzentrieren. Er, seine Eltern und seine Lehrer waren verzweifelt, denn es musste sich eine schlagartige Verbesserung einstellen, wenn er das Schuljahr noch schaffen wollte. Allein bei dem Gedanken daran packte Johannes die Traurigkeit. Er hatte dort viele Freunde, die ihm sehr wichtig waren.

Johannes kam vor Jahren zu mir. Seine Eltern waren sehr verzweifelt, doch ich konnte sie beruhigen. In einem kurzen Gespräch mit Johannes war mir schnell klar, dass es nicht an seinem Talent lag und auch nicht an mangelnder Intelligenz, sondern einfach an der Art seines Denkens und der Verarbeitung innerer Bilder. Aus dem Gedächtnistraining kannte ich einige Übungen, bei denen ich mir sicher war, dass sie Johannes helfen würden, sogar eine bessere Merkfähigkeit zu bekommen als all seine Mitschüler. Und das war auch unser Ziel – die Entwicklung eines jungen Menschen, der von sich selbst glaubte, nichts behalten zu können, hin zu jemandem mit einem großen Selbstvertrauen und der höchsten Merkfähigkeit auf seiner Schule.

In der 1. Stunde begannen wir direkt Vokabeln zu lernen. Und ich fragte ihn, wie viele Vokabeln er in dieser Stunde so lernen müsste, dass er sie nie wieder vergessen würde und es gleichzeitig für ihn ein megagroßer Erfolg wäre. Johannes antwortete mir: „15 Stück". Ich fragte ihn: „Nur mal angenommen, Johannes, du würdest es schaffen, 15 Vokabeln in dieser Stunde so zu lernen, dass du sie nie wieder vergisst, wäre das dann ein Beweis für dich, dass es weder an deiner Intelligenz noch an einem nicht vorhandenen Talent liegt?" Und er antwortete mir, dass es absolut grandios wäre, er sich das aber niemals vorstellen könnte. Und so fingen wir an.

Ich bat ihn, die Augen zu schließen und sich einen Mantel vorzustellen, der auf dem Boden liegt – mit einem großen Haufen Hundekot darauf. Johannes begann zu grinsen und fragte mich: „Was soll das bitteschön bringen?" Ich antwortete ihm, dass Mantel auf Englisch coat heißt. Nun verstand er mit einem Mal die Technik, mit der ich ihm das Vokabeln- Lernen beibringen wollte. Und wir übten weiter. Letztendlich lernte er in einer Stunde 43 Vokabeln, die er vorher noch nie gehört hatte. Und er war völlig begeistert. Im Anschluss erklärte ich ihm noch kurz, warum diese Technik funktioniert und wie sie funktioniert.

Unser Gehirn denkt in Bildern, denn abstrakte Informationen sind sehr schwer zu verarbeiten. Das bedeutet, wenn wir Informationen mit Bildern transportieren, kommen sie einfacher im Gehirn an und lassen sich auch einfacher merken. Wenn die Vokabel coat wieder auftaucht, erinnert man sich sofort an den Mantel mit dem Hundekot und verbindet coat mit der Übersetzung Mantel. Ebenso verhält es sich, wenn man an einen Mantel denkt, dann erinnert man sich sofort an das obige Bild und hat die Verbindung zum englischen coat.

Und genauso funktioniert es mit Geschichten, Erlebnissen und Erfahrungen. Alles, was wir uns erlebbar vorstellen können, bleibt besser haften. Und je skurriler und verrückter die Dinge sind, die wir uns vorstellen, desto sicherer ist es, dass wir uns wieder daran erinnern können. Das hängt damit zusammen, dass wir mit einem verrückten und skurrilen Bild gleichzeitig eine Emotion verbinden. Und sobald wir eine hohe Emotion mit einem Bild oder einem inneren Film verbinden, wird diese Information für unser Gehirn als hochwertig und wichtig eingestuft. Und diese Kombination aus Information, Film und Emotion sorgt dafür, dass wir uns Inhalte besser merken können. Diese drei Elemente nenne ich den „Dreiklang unseres Gedächtnisses".

Beantworte folgende Fragen, um die Inhalte zu verinnerlichen:

- Welchen Einfluss haben Bilder beim Lernen?
- Was ist der „Dreiklang des Gedächtnisses"?
- Wie konnte Johannes sich die Vokabeln merken?

Gefühle sind wichtiger als Lerntechniken

Wenn Eltern mit ihren Kindern zu mir kommen, damit ich ihnen helfe, besser in der Schule zu werden, dann erhoffen sie sich in der Regel irgendwelche magischen Lerntechniken. Meist sind sie so verzweifelt, da nicht mehr viel Zeit besteht, um die Noten zu verbessern. Erfahrungsgemäß ist das der falsche Ansatz. Lerntechniken bringen erst dann etwas, wenn die Grundlage dafür vorhanden ist. Und die Grundlage dafür ist, dass man zunächst lernt, wie man seine Gedanken, Gefühle und Emotionen steuert und beeinflusst. Das Lernen selbst ist fast nie ein Problem. Lerntechniken wären nur Symptombekämpfung. Was tatsächlich stört, sind wirre Gedanken, negative Gefühle, Blackout- Situationen oder Konzentrationsschwierigkeiten. Wenn du einen Nagel in die Wand hauen möchtest, dann nimmst du als Werkzeug einen Hammer. Denn dieser ist dafür am besten geeignet. Wer würde schon versuchen, mit einem Blatt Papier einen Nagel in die Wand zu hauen? Wahrscheinlich niemand.

Warum ist es so wichtig, zuerst seine Gedanken, Gefühle und Emotionen in den Griff zu bekommen? Das liegt daran, dass sie die Ursache dafür sind, dass Menschen sich blockieren oder eben auch nicht. Wenn du die falschen Gedankenmuster hast, dann fühlst du dich schlecht und dein Gehirn wird blockiert. So einfach ist das. Jemand, der völlig frei in der Wahl seiner Gedanken und Gefühle ist, der hat auch selten Probleme beim Lernen. Natürlich können Lerntechniken helfen. Jedoch sind das maximal die restlichen 10 Prozent zur Meisterschaft. Das bedeutet auch, dass wir, bevor wir in diesem Buch die Lerntechniken angehen, erstmal an den richtigen Gedanken und Gefühlen arbeiten werden. Darauf kannst du dich schon jetzt freuen.

Beantworte folgende Fragen, um die Inhalte zu verinnerlichen:

- Wann sind Lerntechniken geeignet?
- Warum ist es so wichtig, zuerst seine Gedanken, Gefühle und Emotionen in den Griff zu bekommen?

Unnötigen Energieverbrauch stoppen

> “Die Kunst liegt nicht darin, mehr Energie zu erhalten, sondern die vorhandene Energie optimal einzusetzen.”

In der Zeit vom ersten bis zum sechsten Schuljahr fühlte ich mich wie eine Niete, wenn es um die Schule ging. Jeden Tag bekam ich aufs Neue die Bestätigung, nicht wirklich gut zu sein. Mein Selbstvertrauen und mein Selbstwertgefühl sanken drastisch in den Keller. Damals wusste ich nicht, dass sich dadurch auch meine Energie reduzierte. Es ist nämlich so, dass jeder Mensch ungefähr über das gleiche Energiepotential verfügt. Je besser du mit deiner Energie umgehen lernst, desto leistungsfähiger wirst du. Der einzige Unterschied zwischen den hohen Leistungsträgern und den müden Socken ist, dass sie ihre Energie anders einsetzen. Um es dir zu verdeutlichen, teilen wir die Energiebereiche in fünf Ebenen ein.

Ebene 1:

Alle vollautomatischen Prozesse – deine Atmung, der Herzschlag, Verdauung, Heilungsvorgänge und die Wahrnehmungsverarbeitung.

Ebene 2:

Gedanken zum Selbstvertrauen, Selbstwert und zur Selbstliebe.

Ebene 3:

Gewohnheitstätigkeiten wie Fahrradfahren, Waschen, Zähneputzen, Laufen, Anziehen, Lernen usw.

Ebene 4:

Das Treffen von Entscheidungen, Termindrucksituationen.

Ebene 5:

Visionen, Zukunftsgedanken, Entwicklungsgedanken, Selbstentfaltung.

Je nachdem, wie viel Energie du für einen dieser Bereiche aufwendest, entscheidet sich, wie viel Energie dir noch für andere Prozesse und Tätigkeiten übrigbleibt. Wenn ein Mensch beispielsweise krank ist, dann benötigt er viel Energie, um wieder gesund zu werden. Somit hat er weniger Kraft, um zu lernen. Wenn sich jemand bewusst oder unbewusst den ganzen Tag fragt, ob das, was er macht, gut ist oder ob er selbst okay ist, dann sind das Selbstwertfragen, die viel Energie kosten. Ist jemand hingegen selbstbewusst und voller Selbstvertrauen, steht ihm deutlich mehr Energie für andere Bereiche zur Verfügung, zum Beispiel fürs Lernen. Wenn Menschen Energie für etwas aufwenden, was bei anderen automatisch läuft, dann haben sie im Vergleich weniger Kraft für weitere Dinge zur Verfügung. Ist es für jemanden eine Gewohnheit, sich schnell und richtig zu entscheiden, dann kostet ihn das sehr wenig Energie. Ist man ständig hin- und hergerissen, dann verbraucht es mehr Energie. Es macht also Sinn, achtsam mit dem eigenen Energiepotential umzugehen.

Die Kunst liegt nicht darin, mehr Energie zu bekommen, sondern die vorhandene anders einzusetzen. Dabei solltest du berücksichtigen, dass die Energie eines Menschen durch den unterschiedlichen Verbrauch schwankt.

Beantworte folgende Fragen, um die Inhalte zu verinnerlichen:

- Wie heißen die 5 Ebenen des Energieverbrauchs?
- Warum haben einige Menschen sehr viel Energie und andere so wenig?
- Wo kannst du Energie einsparen?

Ziele setzen

Wer keine Ziele hat, der wird vielleicht irgendwo ankommen. Ob es einem dort gefällt, ist fraglich. Daher ist es wichtig, genau zu wissen, was man erreichen möchte. Will man das Schuljahr nur bestehen oder mit einer Auszeichnung abschließen? Darin liegt ein großer Unterschied. Möchte man mit möglichst wenig Aufwand die besten Noten erreichen oder will man dafür viel am Schreibtisch sitzen? Ziele sind wichtig, um einen klaren Kopf und eine klare Ausrichtung zu bekommen. Die wohl bekannteste Methode für die Zielsetzung ist das SMART-Prinzip. Da ich mich ungern mit vorhandenen Methoden zufriedengebe und mir darin meist etwas fehlt, heißt die Methode bei mir „SMARTE Ziele setzen“. Die einzelnen Buchstaben stehen für je ein Element bei der Zielformulierung. Und bei SMART fehlt mir noch das „E“ für ein ganz wichtiges Element. Daher SMARTE Ziele.

Was bedeuten nun die einzelnen Buchstaben?

spezifisch

Definiere eindeutige Ziele, die nicht vage, sondern konkret formuliert sind. Verwende konkrete Zahlen, Daten oder Fakten.

messbar

Lege klare Messbarkeitskriterien fest. Eine Frage, die dir helfen kann, ist: Woran werde ich erkennen, dass ich mein Ziel erreicht habe? Das können konkrete Noten, Auszeichnungen oder Ergebnisse sein, an denen man überprüfen kann, ob man sein Ziel erreicht hat.

ansprechend

Ein Ziel sollte immer eine gewisse Attraktivität für dich haben.

realistisch

Zu kleine und wenig herausfordernde Ziele schwächen die Willenskraft, während zu große Ziele das Selbstvertrauen schwächen. Die Kunst liegt somit darin, einen geeigneten Mittelweg zu finden. Intelligent gesetzte Ziele stärken sowohl die Willenskraft als auch das Selbstvertrauen.

terminiert

Ein entscheidendes Merkmal für ein Ziel ist die Terminierung. Ohne einen klaren Termin werden Ziele oft vor sich hergeschoben und nicht erreicht. Setze dir also bei jedem Ziel immer einen klaren Ergebnistermin.

emotional

Was viele nicht berücksichtigen, ist, die emotionale Bedeutsamkeit eines Zieles zu verstärken. Die gewünschten Ergebnisse können nur erreicht werden, wenn es Gründe dafür gibt, die so stark sind, dass ein Scheitern unmöglich wird. Kläre also unbedingt die Frage, warum es dir so wichtig ist, dieses Ziel zu erreichen. Was berührt dich daran emotional? Nur ein Mensch, der wirklich weiß, wofür er tut, was er tut, wird es auch tatsächlich durchziehen und an dieser Aufgabe wachsen.

Bei jedem Ziel sollten wir uns nicht zu sehr auf das Ergebnis fokussieren. Wenn ein Ziel gesteckt ist, dann geht es um den Weg. Den musst du schließlich beschreiten, um dein Ziel zu erreichen. Dabei kann es durchaus hilfreich sein, sich kleine Meilensteine oder Etappenziele zu setzen. Wenn du zum Beispiel in sechs Wochen eine Matheklausur schreibst und eine Eins als Note erreichen möchtest, dann hast du einen Weg von sechs Wochen, den du komplett frei gestalten kannst. Vielleicht kommen vier Themen vor. Dann könntest du dir für die ersten vier Wochen vornehmen, je Woche ein Thema komplett zu lernen und in den letzten zwei Wochen alle Themen nochmal zu perfektionieren, indem du alle Übungsaufgaben noch dreimal fehlerfrei durchgehst. Etappenziele haben zudem den Vorteil, dass du dich noch feiner fokussieren und dich für Teilergebnisse selbst belohnen kannst. Wenn ich ein Buch wie dieses hier schreibe, dann weiß ich genau, wann ich welches Kapitel fertig haben möchte. So habe ich nicht immer das ganze Buch vor Augen, sondern nur die kleinen Teilschritte. Damit setze ich mich nicht zu sehr unter Druck und laufe nicht Gefahr, erst einen Tag vor Abgabetermin mit dem Schreiben zu beginnen.

Setze dir also jetzt deine Ziele und Etappenziele. Für das Schuljahr oder die nächsten Wochen.

Beantworte folgende Fragen, um die Inhalte zu verinnerlichen:

- Warum sollte man sich Ziele setzen?
- Wie setzt man sich richtig Ziele?
- Wie kann man sich „SMARTE Ziele setzen"?
- Wofür braucht man Etappenziele?

Prioritäten setzen

Bei der Zielsetzung kann es passieren, dass man aufgrund der Vielzahl von Fächern feststellt, viel zu tun zu haben. In solchen Phasen muss man nicht gleich Schnappatmung bekommen und alles in die Ecke werfen. Das Genie beherrscht sein Chaos. Und das solltest du auch tun. Wenn du viele To-dos hast, dann kommst du nicht umher, diese nach Wichtigkeit zu priorisieren. Willst du alles gleichzeitig machen, dann wird dir das wahrscheinlich nicht so gut von der Hand gehen. Es gibt ein paar sehr gute Priorisierungsmethoden, deren Anwendung ich dir nun im Folgenden gerne kurz vorstellen möchte.

Die ABC-Methode

Mit dieser Methode sortierst du deine Aufgaben nach Wichtigkeit und Dringlichkeit. So kannst du dir über die Prioritäten deiner Aufgaben im Klaren werden und legst dadurch eine Reihenfolge zur Abarbeitung fest. Für die Kategorie A verwendest du 60%, für Kategorie B 25% und für Kategorie C 15% der Zeit, die dir zur Verfügung steht.

A = sehr wichtig & dringend
B = wichtig
C = weniger wichtig

Die Ivy-Lee-Methode

Schreibe dir am Ende eines jeden Tages die fünf wichtigsten Lernaufgaben für den nächsten Tag auf. Priorisiere sie nach der Wichtigkeit. Konzentriere dich nur auf diese Aufgaben, bis du sie komplett erledigt hast. Erst danach widmest du dich anderen Aufgaben. Am Ende des Tages schreibst du dir wieder die fünf wichtigsten Aufgaben für den nächsten Tag auf. Durch diesen Ablauf trainierst du dich darauf, Entscheidungen zu treffen und dich mit deinen wichtigsten Aufgaben zu beschäftigen. So arbeitest du sehr fokussiert und läufst nicht Gefahr, etwas aufzuschieben.

Die ALPEN-Methode

Wie bei dem SMARTE-Prinzip stehen auch bei der ALPEN-Methode die einzelnen Buchstaben für einen Schritt. Diese Methode eignet sich wunderbar, um seine Zeit und sich selbst besser zu managen.

- **A**ufgaben und Termine notieren – Erstelle eine To-do-Liste
- **L**änge der Bearbeitung abschätzen – Durch das Zeitlimit kannst du konzentrierter und effektiver arbeiten
- **P**ufferzeiten definieren – Wenn es mal länger dauert oder Unvorhergesehenes passiert, hast du einen Zeitpuffer.
- **E**ntscheidungen treffen – Setze Prioritäten
- **N**achkontrolle – Wie lief der Tag? Was lerne ich daraus für den nächsten Tag?

Das Eisenhower-Prinzip

Dwight D. Eisenhower war von 1953 bis 1961 der 34. Präsident der Vereinigten Staaten von Amerika. Von ihm stammt diese Priorisierungsmethode. Hier werden die Aufgaben auch nach Wichtigkeit und Dringlichkeit kategorisiert. Wenn eine Aufgabe dich deinem Ziel näher oder direkt zu deinem Ziel bringt, dann ist diese wichtig. Tut sie das nicht, dann ist sie nicht wichtig. Termingebundene Aufgaben sind dringlich. Ist es egal, wann die Aufgabe erledigt wird, dann ist sie nicht dringend. So entstehen vier Kategorien, mit denen du viel genauer herausarbeitest, welche Aufgaben wirklich wichtig sind und bearbeitet werden sollten.

Wichtig und dringlich

Diese Aufgaben solltest du sofort erledigen.

Wichtig, aber nicht dringlich

Terminiere diese Aufgaben in deiner Planung und erledige sie bis zum Termin.

Nicht wichtig, aber dringlich

Entscheide, ob es erforderlich ist, diese Aufgabe zu erledigen. Wenn ja, dann erledige sie. Wenn nein, dann bearbeite sie nicht.

Weder wichtig noch dringlich

Diese Aufgaben bearbeitest du einfach nicht.

Beantworte folgende Fragen, um die Inhalte zu verinnerlichen:

- Warum sollte man Prioritäten setzen?
- Wie setzt man Prioritäten richtig?
- Welche vier Methoden zum Priorisieren hast du kennengelernt?
- Welche Methode sagt dir am meisten zu?

Pausen beim Lernen

Was ich damals in der ganzen Euphorie der guten Noten ab der 7. Klasse nicht beachtet habe, war, wie wichtig doch Pausen sind. Ich habe tatsächlich nicht mehr Zeit mit dem Lernen verbracht als vorher. Dennoch gab es Momente, in denen ich so im Element war und nicht aufhören wollte. Viele Lernforscher behaupten, dass man alle 45 oder 90 Minuten eine Lernpause einlegen sollte, da sonst die Energiekurve zu sehr abfällt. In Wirklichkeit ist das jedoch graue Theorie aus der Erfahrung weniger Testkandidaten. Denn es kommt zunächst einmal darauf an, was man lernt und wer lernt. Es gibt Schülerinnen und Schüler, denen empfehle ich, alle 25 Minuten eine Pause einzulegen. Andere können ohne Leistungsabfall auch mal drei Stunden in einem Thema abtauchen. Viel wichtiger ist es, ein Bewusstsein für seine eigene Energiekurve zu entwickeln. Wenn du spürst, dass deine Energie langsam abflacht, dann solltest du eine Pause machen. Das kann tagesformabhängig unterschiedlich sein. Die Pausen sind wichtig, damit sich das Gehirn entspannen kann und Inhalte im Unterbewusstsein weiterverarbeitet werden können. Daher ist auch ausreichender Schlaf sehr wichtig.

Ich erinnere mich an eine Situation, in der ich für ein Referat gelernt habe. Am Vortag hatte ich große Mühe, die Inhalte in meinen Kopf zu bekommen. Irgendwann bin ich ins Bett gegangen. Am nächsten Tag hielt ich dann das Referat und konnte alles auf den Punkt genau so wiedergeben, wie ich mir das vorgestellt hatte. Mein Unterbewusstsein hatte die Inhalte über Nacht weiterverarbeitet, sodass ich sie am nächsten Morgen wunderbar abrufen konnte. Lernen ist also auch ein Prozess des Vertrauens.

Deine Pausen kannst du unterschiedlich gestalten. Manchmal macht es Sinn, kurz an die frische Luft zu gehen, sich zu bewegen oder etwas zu trinken.

Es gibt auch sogenannte Abspeicherpausen. Sie dienen dazu, das Gehirn darauf einzustimmen, einen Lerninhalt abzuspeichern und sich auf den nächsten vorzubereiten. Diese wählst du zwischen 10 Sekunden und maximal 5 Minuten. Achte dabei auf dein Gefühl, denn jeder verarbeitet anders. Es gibt kein Patentrezept für Pausen. Aktiviere gerne deinen Forschergeist und finde für dich die optimalen Pausenzeiten heraus.

Beantworte folgende Fragen, um die Inhalte zu verinnerlichen:

- Warum sind Pausen wichtig?
- Wie oft sollte man Pausen einlegen?
- Wie lang sollten Pausen sein?
- Was sind Abspeicherpausen?
- Wie möchtest du deine Pausen gestalten?

Lernplan erstellen und Zeitmanagement

Du hast nun sehr viel über das gehirngerechte Lernen, dein Energie- und das richtige Zeitmanagement erfahren. Nun ist es an der Zeit, in die Umsetzung zu kommen. Damit dir das möglichst einfach fällt und du nicht erst irgendwelche Tools oder Kalender entwerfen musst, habe ich einen gehirngerechten Planer entworfen, den ich dir schenken möchte. Er enthält alles, was du bisher in diesem Buch erfahren hast.

Du kannst ihn dir herunterladen und für deine Lernplanung einsetzen. Unter folgendem Link bekommst du ihn. Im Downloadbereich findest du alle Erklärungen, damit du direkt loslegen kannst. Ich empfehle dir, jetzt dem Link zu folgen und dir den Planer herunterzuladen.

https://www.rd-huelsmeyer.com/lernen-zusatzmaterial

Fokus und Konzentration statt Multitasking

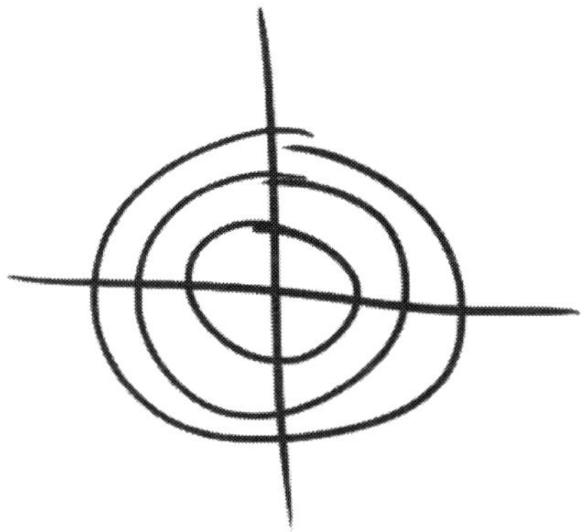

> "Multitasking ist eine Fähigkeit, die nicht existiert. Das Scheitern daran treibt Menschen in den Wahnsinn."
> Robert D. Hülsmeyer

Sandra war damals 15 und Schülerin eines Gymnasiums, als sie mit ihren Eltern bei mir Rat suchte. Grundsätzlich ging sie gerne zur Schule. Ihre Leistungen wurden jedoch laufend schlechter. Es kamen immer mehr neue Themen zusammen. Irgendwann verlor sie frustriert den Überblick. Sie schaffte es nur noch, sich irgendwie über Wasser zu halten. Im ersten Gespräch fanden wir gemeinsam heraus, dass sie bereits über viele und gute Lerntechniken verfügte. Auch ihre mentale Einstellung passte. Man hat ihr angesehen, dass sie unbedingt etwas verändern wollte. Doch sie wusste nicht, was. Sandra litt unter dem verzweifelten Versuch, multitaskingfähig sein zu wollen. Während sie ihre Hausaufgaben machte, lagen die Bücher von sämtlichen Fächern auf ihrem Tisch. Mal löste sie hier eine Aufgabe, dann wieder woanders. Sie hatte das Gefühl, alles gleichzeitig machen zu müssen. Sie konnte nicht konzentriert bei einer Sache bleiben, weil ihre Gedanken immer hin und her switchten. Dieses Verhalten hatte sie sich schleichend angewöhnt, als die Aufgaben immer mehr wurden. Sie glaubte dadurch schneller zu sein. Dann verlor sie innerlich die Kontrolle und den Fokus. Innerhalb von drei Sitzungen konnte ich ihr helfen, dieses störende Muster abzulegen.

Sandra war in die Multitasking-Falle getappt und hatte sich damit selbst sabotiert. Viele Menschen glauben, dass Multitasking die Geschwindigkeit und Leistungsfähigkeit steigert. Tatsächlich führt es zu Konzentrations- und Leistungsverlusten. Forscher haben in einem Test festgestellt, dass das Telefonieren beim Autofahren die Leistungsfähigkeit um mindestens 40 Prozent einschränkt. Vergleichbar hoch wie bei einem betrunkenen Fahrer mit 0,8 Promille Alkohol im Blut. Das ist kein guter Pegel, um zu lernen.

Die französischen Wissenschaftler Sylvain Charron und Etienne Koechlin haben herausgefunden, dass das Gehirn sich maximal auf zwei Tätigkeiten gleichzeitig konzentrieren kann. Damit ist bewiesen, dass es Multitasking gar nicht gibt. Das Gehirn wechselt nur in hoher Geschwindigkeit hin und her. Es verbraucht dadurch enorm viel Energie. Das ist auch der Grund des Leistungsabfalls. Du kannst es in einem Selbsttest gern ausprobieren. Versuche einmal, einen Text zu schreiben und gleichzeitig einem anderen Menschen zuzuhören, was er sagt. Du wirst maximal die Hälfte mitbekommen.

Es macht also durchaus Sinn, sich nicht damit zu überfordern, mehrere Tätigkeiten gleichzeitig auszuführen zu wollen. Denn damit verursachst du ein schlechteres Ergebnis, als wenn du dich komplett auf eine Sache konzentrierst. Allein durch eine vernünftige Arbeitsstruktur erreichst du eine Leistungssteigerung von bis zu 40 Prozent. Es ist also wichtig, dass du dich immer nur mit einer Sache beschäftigst und dich darauf konzentrierst. Je mehr du dich daran gewöhnst, desto schneller steigt auch deine Leistungsfähigkeit.

Beantworte folgende Fragen, um die Inhalte zu verinnerlichen:

- Was ist Multitasking?
- Wie arbeitet das Gehirn, wenn wir viele Aufgaben gleichzeitig lösen möchten?
- Warum raubt Multitasking mehr Energie, als wenn man sich fokussiert?

3.2 Die perfekte Lernumgebung

"DIE UMGEBUNG, IN DER DER MENSCH SICH DEN GRÖSSTEN TEIL DES TAGES AUFHÄLT, BESTIMMT SEINEN CHARAKTER.
ANTIPHON

Viele Schülerinnen und Schüler haben Lernplätze, an denen man sicherlich seine Aufgaben machen kann. Sie glauben, es sei egal, wo sie lernen. Dennoch fühlen sie sich weder wohl, noch sind sie motiviert, leistungsfähig oder kreativ. Lernplätze sollen schließlich praktisch sein, denken die meisten. Ein Tisch, ein Stuhl, etwas Licht und das war es. Wenn jemand jedoch überdurchschnittlich gute Ergebnisse erzielen möchte, dann ist es sinnvoll, darüber nachzudenken, wie der Lernort aussehen sollte, um wirklich offen, kreativ und leistungsfähig zu sein. Ich persönlich glaube, dass zum Beispiel das klassische Lernzimmer mittlerweile out ist. Keiner fragt sich, ob das wirklich der Ort ist, an den man die besten Ergebnisse erzielen kann.

Überlege doch mal selbst, wann und wo du die besten Ideen hast. Bei manchen Menschen ist es in einem Sessel, bei anderen in einem Café oder in einem Liegestuhl. Viele Menschen sitzen sogar gern auf einer Terrasse und lassen sich die Sonne auf die Stirn scheinen. Doch so eine Umgebung mit Lernen zu verbinden, das kommt für viele überhaupt nicht infrage. Wenn das jedoch die Umgebung ist, in der man eine höhere Aufnahmefähigkeit entwickelt, macht es dann nicht Sinn darüber nachzudenken, solche Orte für seinen Lernprozess einzusetzen?

Selbstverständlich ist es wichtig, dass du nicht abgelenkt wirst von lauter Rockmusik, dem Surfen im Internet oder dem ständigen Schauen auf das Smartphone. An einem unruhigen Ort finden sich schnell Möglichkeiten, um zu viele Pausen zu machen, die nicht notwendig sind. Das lenkt einen ab und unterbricht die Konzentration. Daran gewöhnt sich das Unterbewusstsein und wird dauerhaft unruhig beim Lernen.

Wenn du in deinem Zimmer eine wundervolle Lernoase schaffen möchtest, dann ist das möglich. Ich nutze sehr gerne Feng-Shui. Dabei handelt es sich um eine alte chinesische Lehre, die entstanden ist, um den Menschen in Harmonie mit seiner Umgebung zu bringen.

Wenn du die wesentlichen Tipps einhältst, dann wirst du feststellen, dass sich deine Energie und Konzentration verbessern. Es ist aber auch kein Hindernis, wenn sich nicht alles umsetzen lässt. Rede dir bitte nicht ein, dass ein Lernerfolg nicht möglich sei, weil dein Zimmer es nicht hergibt. Mache einfach das Beste daraus, was mit deinen Möglichkeiten umsetzbar ist. Je mehr, desto besser. Verfalle aber nicht dem Perfektionismus.

Der richtige Platz für den Schreibtisch

Was viele nicht wissen, ist, dass der Standort des Schreibtisches das Lernverhalten stark beeinflussen kann, sowohl positiv als auch negativ. Idealerweise hast du eine Wand im Rücken und dabei die Tür und das Fenster im Blick. Du solltest aber nicht dazwischen sitzen, da es eine sehr energieraubende Wirkung haben kann. Auch sollte der Schreibtisch nicht direkt vor einer Wand stehen, denn das schränkt die Kreativität im Kopf ein. Das wäre so, als hättest du ein Brett vor dem Kopf.

Selbst, wenn es etwas seltsam klingt, ist es hilfreich, keine scharfen Kanten oder Ecken auf den Körper gerichtet zu haben. Das kann sonst dazu führen, dass man müde und erschöpft wird. Vielleicht fragst du dich jetzt, warum das so sein sollte. Wie schon erwähnt ist unser Unterbewusstsein sehr primitiv und verfügt über ein altes intuitives Verhalten. Es verbindet spitze oder scharfe Gegenstände mit einer Gefahr. Auch wenn du dir sicher bist, dass keine Gefahr im Raum ist, verbraucht dein Unterbewusstsein Energie, um das abzuchecken. Diese Energie hebst du dir lieber für deinen Lernprozess auf.

Beleuchtung, Temperatur und Sauerstoff

Wenn dein Schreibtisch gut positioniert ist, dann achte zusätzlich darauf, dass du regelmäßig lüftest und die Temperatur im Raum nicht zu hoch ist. Zu viel Wärme beim Lernen kann zu Kopfschmerzen und Müdigkeit führen. Lieber die Umgebung etwas kühler halten und dafür einen kuscheligen Pullover anziehen.

Hast du die Möglichkeit, viel Tageslicht hereinzulassen, dann ist das die beste Lichtquelle. Du kannst aber auch mit künstlichem Licht arbeiten, wenn es eine tageslichtähnliche Optik hat. Achte beim Licht jedoch darauf, dass es keine zu großen Schatten wirft. Wenn du Linkshänder bist, dann positioniere das Licht rechts und umgekehrt.

Pflanzen

Pflanzen machen einen Raum lebendiger und haben zudem den Vorteil, dass sie Sauerstoff produzieren und die Luft reinigen. Nutze dafür Pflanzen mit rundlicheren Blättern anstatt Kakteen oder spitzblättrige Gewächse. Achte darauf, dass sie gesund bleiben und nicht vertrocknen. Meine Pflanzen untersuche ich regelmäßig nach abgestorbenen Blättern. Diese nehme ich dann raus. Solltest du irgendwelche scharfen Kanten oder Ecken in deinem Zimmer haben, kannst du genau dort die Pflanzen hinstellen, um diese zu verdecken.

Die richtige Dekoration

Bei der Dekoration solltest du dich so entscheiden, dass sie Ruhe und Entspannung, aber auch etwas Motivation in dir auslöst. Manche hängen sich ein Motivationsboard auf mit Bildern und Inspirationen von Wünschen, Träumen und Zielen. Vielleicht von Orten, an die du mal reisen möchtest oder von Autos, die du gerne mal fahren willst. Du kannst dich ganz kreativ auslassen.

Wenn du Bilder aufhängst, dann achte darauf, dass sie ebenso Ruhe und Entspannung ausstrahlen. Vermeide einen Kalender oder eine Uhr. Das setzt dich eher unterbewusst unter Druck. Nutze lieber einen Kalender, den du zuklappen und weglegen kannst.

Die richtige Musik

Ich erinnere mich noch an die Zeit, als ich zur Schule ging und an meinem Schreibtisch saß, um zu lernen. Wie gerne hätte ich den Fernseher oder die Musikanlage angemacht. Ich durfte es nicht. Man hat mir ständig eingeredet, dass es mich ablenken würde. Tatsächlich kann das der Fall sein. Wenn man jedoch ein paar Kleinigkeiten beachtet, fördert es sogar die Aufnahmefähigkeit. Wenn du die Stille magst, dann brauchst du dich nicht darum zu kümmern.

Was mir enorm geholfen hat, war ruhige instrumentale Musik. Also ohne Gesang. Ich nutze sie heute noch, wenn ich am Schreibtisch sitze, Bücher schreibe oder Papierkram erledige. Deutlich mehr Tiefgang erlebe ich, wenn ich zum Beispiel Deep-Work-Musik höre. Das kannst du auch mal bei YouTube eingeben und findest dort jede Menge dazu. Manche Tracks dauern drei Stunden und eignen sich wunderbar zum Lernen. Ich setze immer meine Kopfhörer auf, wähle einen Track und mein Kopf schaltet sofort in den Konzentrationsmodus. Lasse dich nur nicht vom Internet ablenken. Das wäre dann wieder kontraproduktiv.

Ordnung und Sauberkeit

Wenn ich mich an mein Zimmer von früher erinnere, dann sah es aus wie ein Schrottplatz. Dass ich einen Großteil meiner Schulzeit eher ein schlechter Schüler war, ist gar nicht so unverständlich. Irgendwann habe ich festgestellt, dass Ordnung mich innerlich beruhigt und es so aufgeräumter in meinem Kopf ist. Das mag seltsam klingen, ist aber so. Ich habe zunächst einmal alles entsorgt, was ich nicht mehr benötigte. Dann habe ich mir angewöhnt, jeden Abend den Schreibtisch komplett aufzuräumen, den Müll zu leeren und alles staubfrei zu hinterlassen.

Empfehlen kann ich dir, dass du für deine Ordner, Schulbücher und sonstiges Schulmaterial einen geschlossenen Schrank verwendest. Regale haben auch ihren Reiz. Doch meistens sehen sie sehr unaufgeräumt aus. Bei mir lagen häufig sämtliche Stifte herum. Irgendwann habe ich mir mal einen Becher genommen und die Stifte alle dort hineingestellt. Eine super Gelegenheit, auch funktionsuntüchtige Stifte auszusortieren. Manche Menschen nutzen gerne Ablagekörbe. Wenn diese sortiert und beschriftet sind, dann ist das eine tolle Sache.

Mittlerweile leben wir in einer Zeit, in der es sehr viele elektronische Geräte gibt. Dadurch lassen sich Kabel oft nicht vermeiden. Was jedoch vermeidbar ist, dass man die Kabel sehen muss. Dafür kann man Kabelkanäle nutzen.

Beantworte folgende Fragen, um die Inhalte zu verinnerlichen:

- Wie sollte man einen Schreibtisch optimal aufstellen?
- Wie sollten die Temperatur und Beleuchtung in der Lernumgebung sein?
- Welchen Effekt haben Pflanzen in der Lernumgebung?
- Wie sollte man seine Lernumgebung idealerweise dekorieren?
- Welchen Einfluss kann Musik auf die Konzentrationsfähigkeit haben?

- Was haben Ordnung und Sauberkeit in der Lernumgebung mit Lernerfolg zu tun?
- Wie wirst du deine Lernumgebung nun optimieren?

3.3 Die 10 Lerntypen

„Menschen werden gern in Schubladen gesteckt, obwohl jeder ein Unikat ist."
Robert D. Hülsmeyer

Über nichts wird in der Lernforschung mehr diskutiert als über das Thema der Lerntypen. Viele wollen herausfinden, zu welcher Kategorie sie gehören. Sie erhoffen sich dann, mit den passenden Lerntechniken mehr Erfolg zu erzielen. Ob das so funktioniert, schauen wir uns jetzt genau an.

Grundsätzlich halten wir erstmal fest, dass es unterschiedliche Persönlichkeiten gibt. In Wirklichkeit ist jeder Mensch ein Unikat. Es gibt Ähnlichkeiten mit anderen, doch ist jeder absolut individuell. Im Aussehen, im Verhalten und in der Denk- und Lernweise. In der klassischen Lernforschung unterscheidet man grundlegend 5 Lerntypen.

1. Der auditive Lerntyp

Der auditive Lerntyp lernt über das Gehörte. Er singt, hört Musik, Hörbücher und kann leicht auswendig lernen. Zugleich ist er aber auch sehr empfindlich, was Geräusche und Lärm anbelangt. Meist braucht dieser Typ viel Ruhe beim Lernen.

2. Der visuelle Lerntyp

Visuelle Lerner schauen gerne Videos, Dokumentationen und Bilder an. Sie übersetzen Inhalte in eine Grafik, eine Mindmap oder ein Bild. Gerade die visuellen Lerntypen brauchen eine schöne Umgebung, um aufnahmefähig zu sein. Sie arbeiten am liebsten mit bunten Farben und mögen Geschichten, Eselsbrücken und Metaphern.

3. Haptisch-motorischer Lerntyp

Dieser Lerntyp braucht etwas zum Anfassen. Sie sind meistens sehr begabt in der Körpersprache, arbeiten mit unterschiedlichen Materialien und sind gerne in Bewegung. Für diesen Lerntyp sind Bewegungsspiele ideal. Wenn sie auf dem Stuhl sitzen müssen, dann werden sie schnell unruhig. Spaziergänge eignen sich oft hervorragend zum Lernen.

4. Verbal-logischer Lerntyp

Der verbal-logische Lerntyp braucht etwas zum Lesen und zum Schreiben. Er liebt lange Listen, Bücher, Zeitungsartikel, Tabellen und Übersichten. Dieser Typ geht gerne analytisch und systematisch vor, um Aufgaben zu lösen.

5. Kommunikativer Lerntyp

Der kommunikative Lerntyp hat Schwierigkeiten damit, alleine zu lernen. Er braucht den Austausch mit anderen, um seine Gedanken entwickeln zu können. Rollenspiele, Gruppenarbeiten oder Lerngruppen eignen sich ideal für kommunikative Lerntypen.

Es ist gut zu wissen, dass es diese unterschiedlichen Lerntypen gibt. Viele stecken sich und andere gerne in Schubladen. Daher sind solche Modelle auch so beliebt. Zielführend ist es beim Thema Lernen jedoch nicht. Schließlich ist es so, dass wir über alle genannten Sinneskanäle Informationen aufnehmen können. Sicherlich gibt es bestimmte Vorlieben oder Kanäle, die einem einfach liegen. Die meisten Menschen sind jedoch Mischtypen und daher nicht in eine Schublade zu stecken. Es gilt also herauszufinden, in welcher Kombination du am aufnahme- und leistungsfähigsten bist. Aus meiner Erfahrung gibt es noch weitere Lerntypen, die ich zum vollständigen Überblick gerne hinzufügen möchte.

6. Der agierende Lerntyp

Dieser Lerntyp geht beim Lernen in die Offensive und holt sich alles, was er braucht, um erfolgreich zu sein. Wenn es irgendwelche Aufgaben zu lösen gibt, sucht dieser Typ sich alles zusammen, was er braucht. Durch seinen Drang nach Aktivität lernt er am besten. Er mag es nicht ausgebremst zu werden.

7. Der reagierende Lerntyp

Der Reagierer hingegen braucht Impulse von außen, auf die er reagieren kann. Er braucht Vorschläge, Anregungen, Ideen und Beispiele. Diese ermöglichen es ihm dann, in einer hohen Geschwindigkeit zur Lösung zu kommen. Dieser Lerntyp fragt auch gerne andere nach ihrer Meinung.

8. Der fokussierte Lerntyp

Der fokussierte Lerntyp hat Schwierigkeiten damit, Themen von Anfang bis zum Ende durchzugehen. Er ist spezialisiert darauf, aus einer Fülle an Informationen die wesentlichen herauszufinden, um eine Aufgabe zu lösen. Fokussierte Lerntypen lesen ungern Bücher von A-Z, sondern nur die Textpassagen, die relevant sind. Durch ihren Fokus sind sie sehr effektiv und finden die Nadel im Heuhaufen.

9. Der gefühlsbetonte Lerntyp

Der gefühlsorientierte Lerntyp ist kein Weichei. Ganz im Gegenteil. Er hat eine besondere Stärke. Dieser Lerntyp hat die Fähigkeit, sich keine Notizen machen zu müssen. Er merkt sich Informationen basierend auf dem Gefühl, das im Moment der Vermittlung aktiv war.

10. Der forschende Lerntyp

Der verbreitetste ist der forschende Lerntyp. 70 Prozent aller Schülerinnen und Schüler funktionieren so. Sie lassen sich nicht gerne etwas sagen, sondern machen lieber eigene Erfahrungen. Ihr Motto ist Trial-and-Error. Dieser Lerntyp braucht viele Optionen, um Ergebnisse zu erzielen, denn er muss für sich entdecken, was am besten funktioniert. Tipps und Tricks von anderen sind solange wertlos, bis sie diese selbst ausprobiert haben. Wenn man diesem Lerntyp etwas verbietet oder untersagt, dann kann man davon ausgehen, dass er es dennoch ausprobieren wird.

Nun kennst du die 10 unterschiedlichen Lerntypen. In der Regel kannst du davon ausgehen, dass auch du eine Mischung aus mehreren bist. Das ist gut so, denn Lernen funktioniert am besten, wenn man die Inhalte über verschiedene Kanäle aufnimmt. Jeder Typus hat seine Vor- und Nachteile. Beschäftige dich nicht so sehr damit, was nicht zu dir passt. Fördere lieber deine Stärken und wähle die für dich passenden Techniken aus. Im weiteren Verlauf des Buches bekommst du noch zahlreiche Lerntechniken, die du ausprobieren kannst.

Beantworte folgende Fragen, um die Inhalte zu verinnerlichen:

- Welche 10 Lerntypen hast du kennengelernt?
- Was sind die Hauptmerkmale der einzelnen Lerntypen?
- Warum ist es wichtig, seinen eigenen Lerntyp genau zu ermitteln?

Selbsttest

Es gibt sehr komplizierte Lerntypentests, um herauszufinden, welcher Lerntyp man ist. Ich bevorzuge lieber die einfachen und praktikablen Vorgehensweisen. Um herauszufinden, welche Typenkombination dir entspricht, lies dir bitte nochmal die 10 Lerntypen durch und bewerte auf einer Skala von 0-10, wie sehr du dich mit welchem Typ identifizieren kannst. Manchmal kommt es vor, dass sich in den unterschiedlichen Fächern andere Vorlieben und Lernmuster herauskristallisieren. Idealerweise machst du deine Bewertung für die unterschiedlichen Fächer.

Sobald du deine Lerntypenkombination ausgewertet hast, bildet diese die Grundlage dafür, im späteren Verlauf die geeigneten Mentaltechniken und Lerntechniken für dich auszuwählen.

Bewerte 5 deiner wichtigsten Fächer von 0-10
0 = trifft gar nicht zu
10 = trifft absolut zu

Rechne die Punkte am Ende zusammen. Die höchsten drei Punktzahlen bestimmen deinen Lernmischtyp in Summe. Die drei höchsten Punktzahlen in jedem Fach bestimmen deine fachspezifischen Vorlieben.

Lerntyp	Fach 1	Fach 2	Fach 3	Fach 4	Fach 5	Gesamt
auditiv						
visuell						
haptisch-motorisch						
verbal-logisch						
kommunikativ						
agierend						
reagierend						
fokussiert						
gefühlsbetont						
forschend						

4.0 Die 12 besten Mentaltechniken für mehr Lernmotivation

„DIE MENTALE STÄRKE EINES MENSCHEN ENTSCHEIDET ÜBER DIE LERNMOTIVATION EINES MENSCHEN.“
ROBERT D. HÜLSMEYER

In der 7. Klasse erkannte ich, dass meine verbesserte Leistung dadurch entstand, dass ich andere Gedanken entwickelte. Mehr Zeit mit dem Lernen habe ich nicht verbracht, sogar eher weniger. Ich begann mich somit langsam für Mentaltechniken zu begeistern. Denn das war schließlich der Grund für meinen plötzlichen Erfolg.

Du kannst noch so tolle Lerntechniken haben, deine Lernumgebung kann noch so perfekt ausgearbeitet sein. Wenn deine Gedanken, Gefühle und Emotionen in Bezug auf die Schule und das Lernen nicht stimmig sind, dann entziehst du dir selbst die Grundlage für den Erfolg. Stell dir mal vor, du ziehst auf einem Haufen Steine eine Tomatenpflanze groß. Wahrscheinlich würdest du merken, dass dies nicht sonderlich gut funktioniert. Die Steine bieten den Wurzeln nicht den entsprechenden Raum, um gesund zu wachsen. Es fehlen wichtige Nährstoffe und das Wasser kann nicht in ausreichender Form gespeichert werden. Wenn du hingegen einen schönen Nährboden nimmst und die Pflanze dort einsetzt, dann stellst du möglicherweise fest, dass sie wächst und wundervolle Tomaten an ihr entstehen. Ein geeigneter Nährboden liefert die Nährstoffgrundlage, kann genügend Wasser speichern und hält ausreichend Freiraum für die Wurzeln bereit. So kann sich die Tomatenpflanze vollkommen entfalten. Genauso ist es beim Lernen. Der mentale Bereich ist wie ein Nährboden. Er liefert die entsprechenden Gedanken, Gefühle und Emotionen, um erfolgreich wachen und sich entfalten zu können. Fehlt diese Grundlage, dann können Lerntechniken das nicht auffangen. Daher ist es besonders wichtig, dass du zunächst die meiste Zeit damit verbringst, dich emotional so zu stärken, dass dich nichts aus der Bahn werfen kann. Erst wenn du absolut entspannt, gelassen und frei von Druck bist, kannst du deine wahre Leistungsfähigkeit entfalten.

Das große Problem dabei ist, dass viele Menschen glauben, faul oder desinteressiert zu sein, wenn sie so gelassen reagieren. Das kann so sein, muss es aber nicht. Man sollte sich nur verinnerlichen, dass der gelassene und entspannte Zustand der beste Zeitpunkt ist, um zu lernen. Damit dir genau das gelingt, gebe ich dir einen mentalen Werkzeugkoffer mit an die Hand. Damit ist es dir möglich, dich kurz-, mittel- und langfristig in einen optimalen Zustand zu bringen.

4.1 Das Feuer der Begeisterung entfachen

Vielleicht hast du schon mal von einer Lichtmaschine gehört. Sie hat die Aufgabe, aus der Bewegung, die beispielsweise ein Auto macht, Energie zu erzeugen, sodass die Batterie des Fahrzeuges sich aufladen kann. Eine Lichtmaschine braucht deshalb eine Leistungsfähigkeit, die höher ist als die Energie, die die Batterie beim Betrieb des Fahrzeuges verbraucht. Nur dann ist es möglich, die Batterie kontinuierlich aufzuladen und somit neue Energie bereitzustellen.

Genauso ist es beim Lernen. Du darfst nicht mehr Energie verbrauchen, als dir zur Verfügung steht. Sonst wirst du schwach, krank und verlierst an Leistungsfähigkeit. Es braucht also einen Weg, um genügend Energie zu produzieren, um sich selbst immer wieder aufladen zu können. Du kennst bereits einige Faktoren. Was viele nicht wissen ist, dass Energie auch durch Begeisterung entsteht. Es geht nicht darum, dass du wie ein Flummi durch die Schule hüpfst und immer lächelst, sondern dass du die Quelle der Begeisterung für dich als Stellhebel nutzt. Ein großer Irrglaube ist, Begeisterung sei einfach da oder eben auch nicht. Begeisterung für etwas entwickelt man. Hat man sie nicht, dann hat man sie nicht entstehen lassen und sich gegen die Energie entschieden.

Ich selbst habe die Schule bis zur 6. Klasse gehasst. Einen Teil meiner Geschichte kennst du bereits. Seit der 7. Klasse war ich jedoch vollkommen begeistert von der Schule, von meinem Umfeld und von mir selbst. Sicherlich hätte mein Selbstvertrauen noch etwas größer sein können, dennoch hat es für die Leistungsfähigkeit in der Schule vollkommen ausgereicht. Selbst Fächer, die ich vorher nicht mochte, haben in mir Begeisterung ausgelöst. Selbst wenn mich die Themen überhaupt nicht interessierten, machte ich einfach eine mentale Challenge daraus, wie gut es mir wohl gelingen kann, diesen unnützen Kram dennoch perfekt einstudieren zu können. Es ging mir nicht mehr um äußere Faktoren, sondern darum, mir selbst zu zeigen, wie gut mir alles gelingen kann. Merkst du den gedanklichen Unterschied? Bei der Begeisterung ist es wie bei der Lichtmaschine. Es muss ein innerer Antrieb sein. Das bedeutet für dich, dass du einen inneren, also intrinsischen Grund schaffen musst, um begeistert zu sein. Wer intrinsisch begeistert und motiviert ist, für den sind äußere Faktoren nicht mehr ganz so wichtig. Äußere Faktoren können immer wegbrechen. Das innere Feuer kannst du selbst steuern.

4.2 Maximale Motivation aus dem Ärmel schütteln

Vielleicht kennst du auch Situationen, in denen du einfach keine Lust und Motivation hast. Wer kennt das nicht? Solche Momente haben wir alle. Wenn jedoch die fehlende Motivation zu einem Dauerzustand wird und man sich über einen längeren Zeitraum nicht aufraffen kann, dann hat das oftmals schwerwiegende Folgen. Daher ist es wichtig, zu lernen, sich selbst motivieren zu können. Doch was ist Motivation überhaupt? In dem Wort selbst steckt der Begriff „Motiv“. Das bedeutet, dass es für Motivation Beweggründe braucht, also ein Motiv erfordert. Nun sind wir wieder bei dem Thema, das wir schon bei deinen Zielen durchgegangen sind. Es geht um dein „WARUM“. Je größer und stärker das „WARUM“ ist, desto größer ist die Motivation. Wir brauchen also stärkere Beweggründe, wenn es uns an Motivation fehlt. Bevor du anfängst zu lernen, solltest du dir zunächst Gedanken über deine Motive machen.

Viele denken, dass Motivation etwas vollkommen Positives ist. Das ist aber nicht immer so. Selbst jemand, der absolut keine Lust hat zu lernen, ist vollkommen motiviert. Er ist motiviert zu chillen oder Freunde zu treffen, nur eben nicht für die Schule. Motive beeinflussen unsere Entscheidungen. Und dort, wo unsere Motive am stärksten sind, gehen auch unsere Entscheidungen hin. Wenn du also spürst, dass du dich nicht aufraffen kannst und es dir an maximaler Motivation fehlt, dann ist die einzige wichtige Stellschraube dein „WARUM“. Mehr musst du nicht tun, denn es läuft immer auf das Gleiche hinaus.

4.3 Souveräner Umgang mit Hassfächern und unangenehmen Lehrern

Wer kennt das nicht? Fast jeder hat irgendwelche Fächer oder Lehrer, die man sich gerne wegdenken würde. Ich erinnere mich noch an meinen damaligen Physiklehrer Herrn Schmitz. Weder das Fach noch der Lehrer konnten in mir Begeisterung auslösen. Er war groß, hatte rote Haare und war extrem streng. Ich fand ihn unfreundlich, da er immer schnell laut wurde. Auch bei der Notengebung kannte er keine Gnade. Er selbst hatte es als Privileg gesehen, wenn man bei ihm eine Eins oder Zwei bekam. Die meisten Schülerinnen und Schüler lagen zwischen befriedigend und mangelhaft. Da es mir nicht möglich war, etwas an dem Fach Physik oder Herrn Schmitz zu ändern, blieb mir nur eine Möglichkeit. Ich musste etwas an mir und meiner Denkweise ändern.

Eine wundervolle Methode dafür ist „Stop the (Horror) Show". Was viele nicht wissen, ist, dass es weder an dem Fach noch an dem Lehrer liegt, sondern eher an dem Film, den man innerlich dazu in seinem Kopf ablaufen lässt. Wer das erkannt hat, weiß aber auch, dass es nicht immer einfach ist, diesen Film zu stoppen oder zu verändern. Dabei unterstützt dich diese fantastische Methode.

Sie hilft dir dabei, den Fokus zu verlagern und dich wieder positiv auszurichten. Ich muss zugeben, diese Methode wirkt auf den ersten Blick simpel. Häufig können wir bei schwierigen Problemen nicht glauben, dass eine Lösung einfach sein kann. Erlaube dir also die Einfachheit. Du kannst mit der Methode wunderbar arbeiten, wenn du akute negative Gedanken oder Gefühle gegenüber einem Fach oder einem Lehrer hast. Am besten verwendest du sie jedoch zum Training deines Unterbewusstseins. Du gibst ihm die exakte Anleitung, bei unguten Gefühlen das Horrorszenario im Kopf abzuschalten und den Fokus auf etwas Positives zu lenken. Wenn du das einstudiert hast, dann stellst du fest, dass bestimmte Gedanken oder Gefühle gar nicht mehr auftreten, weil dein Unterbewusstsein der Anleitung deiner Übung folgt. Klingt einfach, oder?

Damit du es direkt ausprobieren kannst, erinnere dich in Gedanken an einen Lehrer, den du absolut nicht leiden kannst. Idealerweise erinnerst du dich an eine Szene, in der du das sehr deutlich gespürt hast. Vielleicht wurdest du ermahnt, ungerecht behandelt oder hast einfach nicht verstanden, was er oder sie gerade erzählte. Schließe dabei die Augen und hol dir die Erinnerung wieder ins Gedächtnis. Achte dabei genau auf deinen Körper und beobachte das negative Gefühl. Dann wischst du die Szene kurz aus deinem Kopf und entscheidest dich für ein Gefühl, welches du stattdessen zukünftig in solchen Situationen spüren möchtest. Vielleicht Gelassenheit oder Ruhe. Versuche dann, genau dieses Gefühl in deinem Körper zu produzieren. Wenn es dir schwerfällt, dann erinnere dich einfach an eine Situation, in der du dich mal genauso gefühlt hast. Vielleicht war das im Urlaub oder auf einer Party mit deinen Freunden. Versuche, das Gefühl genau nachzuempfinden. Denn du weißt ja, dass Gefühle auf das Unterbewusstsein wie ein Befehl wirken. Wenn du das hast, dann merkst du dir, dass die negative Szene jetzt „A“ heißt und die positive Szene nun „B“.

Das waren die Vorbereitungen. Jetzt geht es zum Trainingsteil. Schließe dabei wieder deine Augen. Stelle dir nun Szene A so intensiv wie nur möglich vor. So, dass negative Gefühle in dir auftreten. Dann stell dir vor, wie du eine Fernbedienung nimmst und den Film ausschaltest. Deine Szene A wird von jetzt auf gleich schwarz. Stell dir das genauso vor. Nun atme erstmal 5 Sekunden durch. Dann drückst du eine andere Taste auf der Fernbedienung und deine Szene B startet. Lasse sie so intensiv wie nur möglich vor deinem geistigen Auge ablaufen und genieße diesen Moment für ungefähr 30 Sekunden. Öffne danach kurz deine Augen. Wiederhole den ganzen Prozess mindestens fünf- bis sechsmal und bewerte, wie sich das Gefühl zur Szene A verändert hat. In den meisten Fällen koppelt sich die alte Emotion bereits sehr schnell von der visuellen Erinnerung ab. Solltest du mit dem Ergebnis noch nicht zufrieden sein, kannst du auch mehrere Wiederholungen durchführen.

Wende diese Technik gerne mehrmals täglich über 7 Tage an, damit sich dein Unterbewusstsein an diesen Prozess gewöhnen kann. Im Alltag spürst du möglicherweise irgendwann, dass in den Situationen, wo bisher die Szene A negative Gefühle ausgelöst hat, du nun viel gelassener bist.

4.4 Selbstzweifel auf Knopfdruck besiegen

Hin und wieder kommt es vor, dass Schülerinnen und Schüler unter Selbstzweifeln leiden. Sie trauen sich etwas nicht zu, sind überfordert und befürchten zu scheitern. Selbst wenn diese Gedanken wahr würden, macht es dennoch keinen Sinn, sich mit schlechten Gefühlen zu bestrafen. Selbst in schwierigen Situationen sollte es dir möglich sein, dich gut zu fühlen. Selbstzweifel sind häufig auf ein geschwächtes Selbstbild zurückzuführen.

Das Selbstbild ist ein Phänomen. Es ist das Bild, welches wir von uns selbst haben. Den meisten Schülern ist ihr Selbstbild nicht bewusst. Sie versuchen etwas zu sein, was sie nicht sind. Das tun sie, weil sie es so gelernt haben. Interessant ist, dass sich das Selbstbild situativ verändert, aber auch Gefühle, Ängste sowie Emotionen steuert. Gelingt es dir, dein Selbstbild in schwierigen Momenten anzupassen, dann verändern sich auch die Situationen und deine Erlebnisse.

In der 5. Klasse bekam ich einen sehr strengen Englischlehrer. Er ließ nichts durchgehen und war knallhart. Ich fühlte mich von ihm sehr eingeschüchtert. Ebenso hatte ich Selbstzweifel. Ich wusste nicht, ob ich dieser Härte gewachsen war. In seiner Gegenwart fühlte ich mich wie ein kleines Licht.

Genauso sahen auch meine Leistungen aus. In der 6. Klasse sagte er mir bei der Zeugnisübergabe, dass aus mir niemals etwas werden würde. Das hat mich sehr hart getroffen. In den darauffolgenden Sommerferien machte ich etwas, von dem ich erst viel später erfuhr, wie bedeutungsvoll es tatsächlich für mich war. Heute nenne ich diese Technik „Change the Self-Image".

Ich stellte mir sämtliche Situationen mit meinem Englischlehrer vor, in denen ich mich erniedrigt gefühlt hatte und an mir selbst zweifelte. Dabei verdrehte ich alles so, dass ich als Held aus der Geschichte herausging. Ich fühlte mich auf einmal viel selbstbewusster und selbstsicherer. Ich ließ ihn gedanklich so klein werden wie einen Hamster. Er tanzte in der Schule auf dem Tisch. Seine Stimme klang wie Alvin von den Chipmunks. Zugleich machte ich mich viel größer und zauberte mir eine tiefe männliche Stimme. Es tat gut. Ich fühlte mich, als wäre ich jeder Aufgabe gewachsen. Selbst wenn nicht, dann wäre es mir egal gewesen. Ich spürte eine vollkommene Überlegenheit. Dann stellte ich mir nochmal Situationen vor, in denen ich sehr stark an mir gezweifelt hatte. Es war nichts mehr davon übrig. Das machte ich tatsächlich dann mit allen Lehrern und Situationen, in denen ich mich klein fühlte. Da wir in dem Sommer umgezogen waren und ich nun auf die neue Schule ging, hatte ich mit diesem Prozess meine komplette negative Schulkarriere hinter mir gelassen und konnte ganz neu starten. Ich machte es in der neuen Schule tatsächlich auch mit jeder schwierigen Situation, mit jedem Lehrer und immer dann, wenn ein kleiner Anflug von Selbstzweifeln kam. Über meine Ergebnisse ab diesem Zeitpunkt habe ich dir schon berichtet. Ich war wie ausgewechselt. Zugeben muss ich, dass mir gar nicht wirklich bewusst war, was ich da tat. Es war wie ein Schutzmechanismus, den ich mir zur Gewohnheit machte. Ich veränderte jedoch mein Selbstbild zu einer Persönlichkeit, die nicht zweifelt. Das bedeutet nicht, dass ich sofort alles konnte. Es half mir aber dabei, meine Zeit nicht mit zweifelnden Gedanken zu verschwenden. Wenn ich eine Schwäche erkannte, dann stand mir immer die Kraft zur Verfügung, diese in Rekordgeschwindigkeit zu verbessern. Vielleicht erkennst du jetzt auch mehr, dass es selten die Lerntechniken sind, die uns wirklich nach vorne bringen, sondern wie wir uns selbst steuern und kontrollieren können. Dazu gehören mentale Tricks.

Wichtig dabei ist, souverän mit den neuen Gefühlen umzugehen und den nötigen Respekt vor den Lehrern zu behalten. Bei mir kam es damals öfters vor, dass ich etwas ausfallend wurde. Das sollte dir nicht passieren. Ich wusste auch nicht genau, was ich da tat. Du weißt es jetzt und kannst entsprechend vorsorgen. Genieße einfach deine Stärke und Souveränität im Stillen und lasse nicht den Oberboss raushängen. Nutze diese Technik, um dich mental in den Griff zu bekommen und zu stärken. Dann wirst auch du Wunder vollbringen.

Um dein Selbstbild anders wahrzunehmen, gibt es einige Möglichkeiten.

- Du veränderst dich selbst in der gedanklichen Szene.
- Du veränderst andere Personen in der gedanklichen Szene.
- Du veränderst die inneren Bilder im Abstand oder Verhältnis zueinander.

Jetzt verrate ich dir noch ein psychologisches Geheimnis. Immer wenn du dich schwächer als eine andere Person fühlst, dann schlüpfst du unbewusst in ihre Rolle. Das passiert natürlich nur in Gedanken. Dein Unterbewusstsein möchte sich dadurch an der anderen Person stärken. Doch durch die negativen Gefühle und die Abneigung der anderen Person gegenüber stehst du sofort in einem inneren Konflikt. Dadurch kannst du nur verlieren. Du fängst an, dich mit anderen zu vergleichen, wirst fremdgesteuert, verlierst dich selbst und hast den Fokus darauf, was andere von dir erwarten. Das Selbstbild ist ausschlaggebend, ob du dich unterordnest oder nicht. Forme es so, dass du stets gestärkt bist.

Beispiele zur Veränderung:

Farben, Formen, Lautstärke, Helligkeit, Geschwindigkeit, Kleidung, die Größe und Position deines Selbstbildes, die Größe und Position der anderen Person, Geruch, Geschmack.

4.5 Gelassen mit Leistungsdruck umgehen

Fehlende Akzeptanz ist eine große Blockade bei der Auflösung von mentalem Leistungsdruck. Viele Schüler können sich von vergangenen Gedanken, Gefühlen, Emotionen und Verhaltensweisen nicht direkt trennen und lösen. Sie können nicht akzeptieren, dass Situationen so sind, wie sie sind. Wenn es mal eine schlechte Note gibt, viel zu lernen oder Streit mit einem Lehrer. Sie bauen einen Widerstand auf und es kommen Gedanken wie: „Das hätte nicht passieren dürfen. Das darf nicht sein. Das muss anders laufen. Das ist nicht fair." Diese oder ähnliche Gedanken können weiteren Leistungsdruck für zukünftige Situationen produzieren.

„Moment of Acceptance" ist eine Methode, die dir helfen kann, innere Widerstände und Leistungsdruck in Gelassenheit zu verwandeln. Das funktioniert über Akzeptanz. Dabei geht nicht darum, dass du deine Meinung loslassen sollst und alles wild hinnimmst, sondern dass du die Vergangenheit, die Gegenwart und zukünftige Ergebnisse so annehmen kannst, wie sie sind. Das verursacht im Körper ein deutlich gelasseneres Gefühl. Und damit kannst du zukünftige Situationen erheblich besser formen als mit steigendem Leistungsdruck im Nacken. Etwas nicht zu akzeptieren, obwohl es so ist, wie es ist, bedeutet Stress, inneres Ungleichgewicht und einen Kampf, den man nicht gewinnen kann. Es ist eine Schlacht gegen sich selbst.

Janina war 16, als ich mit ihr arbeitete. Sie kam zu mir, da sie nur sehr schwer mit der Meinung ihrer Lehrer und ihrer Eltern umgehen konnte. Sie fühlte sich permanent unter Druck gesetzt. Das führte zu ständigen Blackout-Situationen und Frustrationen. Sobald es um das Thema Schule ging, schoss ihr ein ganz unangenehmes Gefühl durch den Körper. Sie konnte es nicht steuern. Sie fühlte sich bereits ungerecht behandelt, selbst wenn noch niemand etwas gesagt hatte. Es war immer wie ein Schock.

Mit „Moments of Acceptance" konnte ich in einem Gedankenspiel ihr Muster durchbrechen. Ich bat Janina, sich nochmal in eine extreme Situation mit ihren Eltern hineinzudenken, sodass sie wieder dieses unangenehme Angstgefühl spürte. Zunächst fiel ihr das nicht leicht. Nach einigen Minuten konnte sie sich aber wieder sehr gut hineindenken. Es war eine Situation, als sie eine Fünf in Geschichte mit nach Hause brachte. Sie schloss ihre Augen. In ihrem Gesicht sah ich bereits, dass sie wieder diesen Druck verspürte. Ich fragte sie: „Janina, was ist eigentlich dein wichtigstes Ziel in dieser Situation, das durch deine Eltern gerade zu Bruch gegangen ist?" Sie begann zu weinen. „Ich wünsche mir so sehr, gelobt und anerkannt zu werden", sagte sie. Ich bat Janina, sich in die Situation zu versetzen, wie es wäre, wenn sie dieses Ziel gar nicht hätte. Sie wurde ruhiger und begann die Situation zu akzeptieren. Dann leitete ich sie an, sich vorzustellen, dass sie zum Ziel hätte, eine Fünf in Geschichte zu schreiben. Sie begann zu lachen.

Und das ist der Trick an der Sache. Wir fühlen uns ängstlich, unter Druck gesetzt und aufgewühlt, weil wir ein unbewusstes Ziel haben und die Erreichung in Gefahr ist. Wenn wir jedoch dieses Ziel für einen Moment gedanklich verändern, dann stellt sich das Gefühl von Akzeptanz und Freude ein. Und mit diesem Zustand bist du in einer deutlich besseren Energie als mit Leistungsdruck. Du veränderst damit kurz dein Gefühl und dann widmest du dich gedanklich wieder deinem alten Ziel und tust das, was getan werden muss, um es beim nächsten Mal zu verwirklichen. Du überlistest für einen Moment dein Gehirn. Wenn du das mehrfach wiederholst, dann passiert es zukünftig automatisch, dass du ruhig und gelassen wirst, während andere wettern und toben. Deine entspannte Wirkung wird ebenso dein Umfeld beruhigen und du hast dich selbst besser unter Kontrolle.

4.6 Die innere Stimme kontrollieren

In meiner Schulzeit hatte ich meinen Fokus sehr stark auf meinem auditiven Sinneskanal. Das bedeutete für mich, dass ich in schwierigen Zeiten eine innere Stimme hatte, die negativ zu mir sprach. In guten Zeiten sprach sie positiv. Es war Fluch und Segen zugleich. Hätte ich damals schon gewusst, wie man seine innere Stimme selbst verändert, dann wäre mir einiger Ärger erspart geblieben.

Die innere Stimme repräsentiert die Inhalte des Unterbewusstseins und somit die Erinnerung an vergangene Situationen. Sie kann sehr laut und unangenehm werden. Mit der Technik „Inner Voice Control" wirkst du auf die innere Stimme ein, dass sie unschädlich und sogar förderlich wird.

Bei der Kommunikation mit dir selbst musst du genauso feinfühlig vorgehen wie mit anderen Menschen, damit du eine gute Beziehung zu dir selbst aufbaust. Da die innere Stimme ein Konstrukt des Unterbewusstseins ist, hat sie deutlich mehr Kapazität als unser Bewusstsein. Je souveräner du in den 6 Schritten dieser Methode wirst, desto mehr Selbstvertrauen und innere Sicherheit entwickeln sich.

Schritt 1: Stelle zwei Stühle im Abstand von ungefähr zwei Metern gegenüber auf. Setze dich auf einen der beiden Stühle und wähle eine alte negative

Erinnerung aus. Stell dir vor, dass deine innere Stimme ein Wesen ist, das auf dem anderen Stuhl sitzt.

Frage das Wesen:
1. Was erwartest du von mir?
2. Wie fühlst du dich, wenn du erreicht hast, was du erreichen möchtest?

Schritt 2: Setze dich nun auf den Stuhl, auf dem das Wesen, also deine innere Stimme sitzt. Werde nun zu diesem Wesen. Meine Klienten berichten häufig, dass sie sofort spüren, dass sie andere Gefühle wahrnehmen.

Schritt 3: Sprich die Antworten auf die beiden Fragen aus. Überlege dabei nicht, sondern lasse dich von dem Gefühl leiten, das du gerade wahrnimmst.

Schritt 4: Fokussiere dich auf das Gefühl, das du in der Antwort auf Frage 2 benannt hast. Mache dir dieses Gefühl bewusst. Manchmal ist es Macht, das Gesehenwerden, verbunden oder fröhlich zu sein. Es können aber auch andere Empfindungen sein.

Schritt 5: Setze dich wieder auf deinen Stuhl. Spüre wieder die Gefühlsveränderung, die möglicherweise sofort eintritt. Schaue das Wesen deiner inneren Stimme an und werde dir nochmal bewusst, was es wirklich braucht. Hinter all den bösen, negativen und destruktiven Gedanken steckt nämlich oftmals der Wunsch aus der Antwort auf Frage 2.

Schritt 6: Erinnere dich an eine Situation aus deinem Leben, in der du genau dieses Gefühl, welches sich deine innere Stimme so sehr wünscht, schon mal erlebt hast. Produziere damit diese Empfindung in deinem Körper. Stelle dir dann vor, wie du dem Wesen gegenüber genau dieses Gefühl sendest. Schaue, wie es sich verändert und was diese Veränderung auch in dir selbst auslöst.

Wiederhole die 6 Schritte täglich über einen Zeitraum von 7 Tagen. Gerne auch mit anderen Erinnerungen, in denen deine innere Stimme dich bisher nicht in Ruhe gelassen hat.

4.7 Sich selbst auf Erfolg programmieren

Wäre es nicht wundervoll, wenn man im Kopf einen Schalter umlegt und dann sofort alles funktioniert, was vorher schwierig war? So schnell geht es leider nicht immer. Dennoch gibt es eine Technik, mit der du dich auf Erfolg programmieren kannst. Vielleicht erinnerst du dich noch daran, als ich dir davon berichtete, wie ich mir selbst damals eingeredet habe: „Ich bin der Beste." Zu der Zeit wusste ich nicht, was es bewirkt. Ohne es zu wissen, habe ich mich damit selbst beeinflusst. „Message for you" ist eine fantastische Methode, um sein Unterbewusstsein dauerhaft zu verändern. Negative Zustände können sich in Erfolg verwandeln. Manche nennen diese Technik Autosuggestion oder Selbsthypnose. Der Begriff spielt keine Rolle. Wichtig ist, dass es funktioniert. Bei „Message for you" geht es darum, sich selbst zu beeinflussen und aus erfolgreichen Gedanken ein noch erfolgreicheres Verhalten zu machen. Du gibst dir dafür selbst regelmäßig Botschaften, wiederholst sie häufig, sodass sie vom Unterbewusstsein irgendwann als wahr aufgenommen werden. Mit dieser Methode veränderst du deine innere Realität, automatisierst Gedanken und Gefühle, passt dein Verhalten an und gibst deinem Unterbewusstsein eine klare Entwicklungsrichtung.

Um solche Botschaften zu entwickeln, ist es wichtig, dass du ein paar Regeln beachtest, damit es funktioniert.

- Die Botschaft muss wahr sein.
- Nutze eine klare und präzise Formulierung.
- Formuliere positiv und in der Gegenwartsform.
- Die Botschaft muss für dich passen.
- Stell dir die Botschaft visuell vor und sprich sie mit überzeugender Tonalität und hoher Gefühlsintensität aus.
- Sprich die Botschaft täglich für 3 - 5 Minuten oder häufiger aus.
- Verwende über mindestens 3 Wochen immer dieselben Botschaften.

Damit das nicht so abstrakt klingt, bekommst du nun ein paar Beispiele, die dir helfen können. Achte bei der Formulierung einmal auf die Satzanfänge. Da verwende ich gern: „Immer, wenn ...“. Das hat den Vorteil, dass diese Sätze keinen Druck erzeugen und immer wahr sind. Mache nicht den Fehler, dich zu sehr unter Strom zu setzen. Aussagen wie: „Ich bin ein Einserschüler“ sind nämlich nicht immer wahr.

Jetzt zu den Beispielen:

- Immer, wenn ich souverän mit meinen Gefühlen umgehe, dann fühle ich mich selbstsicher.
- Immer, wenn ich mich so annehme, wie ich bin, dann spüre ich Selbstliebe.
- Immer, wenn ich eine Aufgabe gelöst habe, dann freue ich mich, wieder einen Schritt weiter zu sein.Immer, wenn ich mir selbst vertraue, dann fühle ich mich mächtig und stark.
- Immer, wenn ich mein Ziel erreiche, dann bin ich stolz auf mich.
- Immer, wenn ich tief und ruhig atme, dann entspannt sich alles und die Energie fließt.
- Immer, wenn meine Angst sich löst, dann spüre ich die Kraft des Lebens.

Mit dieser Vorgehensweise kannst du selbst deine eigenen Botschaften entwickeln und dich auf Erfolg programmieren. Wichtig ist dabei, dass du die

7 Regeln beachtest. Diese Methode eignet sich wundervoll, um dich Schritt für Schritt mental in die richtige Richtung zu bringen. Nutze diese Methode weniger in akuten Problemsituationen, sondern eher, um dich langfristig auszurichten. Nach wenigen Tagen wirst du schon spüren, dass sich diese Gedanken automatisieren und deine Wahrnehmung anders wird.

4.8 Wie negative Gefühle von selbst verschwinden

In unserem aktuellen Schulsystem ist es so, dass Gefühle und Emotionen nicht den Raum bekommen, den sie eigentlich verdient haben. Das kann Vorteile haben, jedoch auch viele Nachteile. Schülerinnen und Schüler werden zu rational und analytisch denkenden Menschen erzogen, sind jedoch häufig auf der Gefühlsseite unterentwickelt.

Die Technik „Observe your Emotions“ hilft dir dabei, dich daran zu gewöhnen, wieder mehr zu fühlen und auf deine Intuition zu achten. Somit erhältst du auf eine sehr charmante Weise die Kontrolle über deine Gefühlswelt zurück. Gerade in starken Drucksituationen oder bei massivem Ärger wirkt die Methode wahre Wunder. Die meisten Menschen versuchen ihre Gefühle zu unterdrücken oder weghaben zu wollen. Dadurch entsteht ein innerer Kampf mit sich selbst. Man kann wieder nur verlieren. Wenn du jedoch deine Gefühle nicht mehr bewertest, sondern nur beobachtest, dann erlebst du, wie sie sich in deinem Körper verändern. Sie wandern einfach durch.

Das hängt damit zusammen, dass Bewertungen etwas mit unserer Identität zu tun haben. Die Identität ist mit dem Emotionszentrum verbunden.

Wenn wir jedoch die Bewertung weglassen und nur wahrnehmen, dann verändern sich die Gefühle im Körper. Durch die reine Beobachtung hast du einen emotionalen Abstand. Genau das kannst du jetzt ausprobieren.

Ablauf:

1. Fokussiere dich auf deinen aktuellen Gefühlszustand, ohne das Gefühl zu bewerten oder zu erforschen.
2. Nach wenigen Sekunden wirst du feststellen, dass sich das Gefühl verändert und im Körper bewegt.
3. Beobachte diese Gefühlsreise solange, bis sich ein positives Gefühl einstellt. Genieße es dann.

Wenn du in diesem Ablauf fit bist, dann kannst du auch mal bewusst einen negativen Zustand aus der Erinnerung hervorholen und diesen durchlaufen. Wenn du alles richtig machst, dann stellst du fest, dass du außer dem Beobachten nichts tun musst, um negative Gefühle zu verwandeln. Sie verschwinden von selbst.

4.9 In 7 Minuten mehr Energie und Gelassenheit

Es gibt Situationen, in denen es sehr schwer ist, ruhig und gelassen zu bleiben. Damit es dir doch gelingt, während alle anderen die Kontrolle verlieren, bekommst du jetzt von mir die Anleitung zur „Breathing-Meditation".

Ungefähr 20.000-mal bewegt sich die menschliche Lunge jeden Tag. Sie versorgt uns mit ausreichend Sauerstoff. Kleine Fehler in der Atmung können schwere körperliche Auswirkungen haben. Hast du mal beobachtet, wie sich deine Atmung anfühlt, wenn du wütend oder aufgeregt bist? Sicherlich ganz anders, als wenn du entspannt im Liegestuhl liegst. Du kannst davon ausgehen, dass die Natur keine Fehler macht. Warum sollten wir also 20.000-mal am Tag atmen, wenn es nicht wichtig wäre? Es ist ein lebenswichtiger Prozess. Atmen beeinflusst die Leistungsfähigkeit, die Stressresistenz, unsere Emotionen und den Stoffwechsel im Körper.

Je unbewusster dir deine Atmung ist, desto mehr verschlechtert sie sich im Laufe des Lebens. Die meisten Menschen atmen sehr flach und sind daher nicht so leistungsfähig. Sie sind angstanfälliger und leichter gereizt.

Mit der folgenden kleinen Atemmeditation kannst du den Sauerstoffgehalt im Blut erhöhen und dich wieder an das tiefe und gesunde Atmen gewöhnen. Führe diese Übung täglich 2-3-mal für mindestens 7 Minuten durch. Halte während dieser kleinen Meditation den kompletten Fokus auf deinem Atem.

- Setze dich entspannt hin und schließe die Augen.
- Atme tief ein, so dass sich der Bauch dabei hebt.
- Lasse dann die Luft aus dem Bauch in die Brust strömen.
- Halte die Luft für 4 Sekunden fest.
- Atme dann für 6-8 Sekunden langsam aus.
- Schreibe deine Erfahrungen für mindestens 7 Tage auf.

Es kann sein, dass dir diese Übung zu Beginn schwerfällt. Das ist ein Zeichen dafür, dass du es nicht gewohnt bist so zu atmen. Mit der Zeit merkst du jedoch, wie gut du dich daran gewöhnen wirst.

4.10 Das wahre Wesen in sich entdecken

Was in der Überschrift sehr esoterisch klingt, ist jedoch die Grundlage für ein glückliches und erfolgreiches Leben. Sowohl in der Schule als auch außerhalb davon. Wir leben in einer Gesellschaft, in der sich viele Menschen anpassen, um nicht aufzufallen oder nicht ausgelacht zu werden. Das sorgt langfristig für sehr viel Stress und einen großen Haufen an inneren Konflikten. Man verliert sich selbst und bekommt gerade in jungen Jahren oft nicht die Chance, sich selbst zu entdecken. Es fehlt an Selbstliebe, Selbstachtung und Selbstbewusstsein. Nun reicht es nicht sich einzureden, dass man selbstbewusst ist oder Selbstliebe verspürt. Denn lieben kann man sich nur selbst, wenn man sich in der Tiefe gefunden hat.

Der Mensch, der du heute bist, ist nicht unbedingt der, der deinem Wesen entspricht. Ich selbst mache seit Jahren Persönlichkeitsanalysen. Dabei unterscheide ich immer das Wesen und die erlernten Gewohnheiten der Persönlichkeit. Durch meine Erfahrung habe ich gelernt, dass ein Mensch umso glücklicher ist, je mehr er sein eigenes Wesen verkörpert. Das Wesen ist wie dein genetischer Code. Wenn du ständig gegen diesen Code arbeitest und anders sein willst, dann endet das langfristig in verbitterter Frustration.

Das liegt daran, dass dein Wesen nicht veränderbar ist. Du kannst neue Fähigkeiten aufbauen, andere Interessen entwickeln und deine Persönlichkeit formen. Dein Wesen kannst du jedoch nicht verändern. Es ist wie ein Instinkt, der ein ganzes Leben lang in einer bestimmten Art und Weise für dich funktioniert. Wenn du den Code deines Wesens entschlüsselst, akzeptierst und lebst, bist du in deiner vollen Energie angekommen. Dann kannst du zu dem Menschen werden, der du wirklich sein möchtest.

Ich selbst bin von meinem Wesen her ein rebellischer, beharrlicher, aber auch feinfühliger und intuitiver Mensch. In meiner Kindheit hat man versucht, mir den Rebellen abzuerziehen. Man brachte mir bei, dass Gefühle nichts für starke Jungs sind und nur das richtig ist, was einem die Eltern, Lehrer oder später die Chefs sagen. Damit war die Katastrophe vorprogrammiert. Mein Unterbewusstsein hatte gelernt, dass ich nicht in Ordnung bin. Somit baute ich mir eine Identität auf, die mich sehr belastete. Heute kann ich dankbar darüber lachen. Aber damals war das ein harter Kampf. Ich sollte etwas sein, was mir nicht entsprach, und dem war ich unwissend gefolgt. Als ich erkannte, wer ich wirklich bin und was mir entsprach, wurde alles sonnenklar und die Kritik anderer hat mich nicht mehr berührt.

Mittlerweile ist es ein Teil meiner Arbeit, Schülerinnen und Schüler, aber auch gestandene Unternehmer mit ihrem Wesen in Kontakt zu bringen. Oftmals erstelle ich 40- oder 50-seitige Beschreibungen und Skripte zu den Personen und gehe alles mit ihnen durch, damit sie einen lebenslang funktionierten Leitfaden haben, der exakt auf sie zugeschnitten ist. Alle Lebensthemen sind integriert. Dadurch passieren sprichwörtlich große Wunder.

Ich empfehle daher jedem, sich intensiv mit sich und seinem Wesen auseinanderzusetzen, nicht auf irgendwelche billigen Persönlichkeitstests zurückzugreifen, sondern einmalig zu einem Profi zu gehen, damit man eine Ausrichtung für sich und sein Leben bekommt, die zu einem passt. Denn die meisten Probleme und Ängste entstehen dadurch, dass wir uns selbst nicht kennen. Wenn du im Kontakt mit deinem Wesen bist, dann erfährst du, was Selbstvertrauen und Selbstliebe wirklich bedeuten.

Zu diesem Thema könnte ich ein eigenes Buch schreiben, daher habe ich es nur kurz angeschnitten. In diesem Buch geht es ja auch um etwas anderes.

4.11 Audioprogramme zur Selbstoptimierung

Gute Audioprogramme sind eine fantastische Möglichkeit, um sich auf dem Weg zum besseren Lernen begleiten zu lassen. Zu meiner Schulzeit wusste ich noch nicht, dass es sie gibt. Als ich jedoch im jungen Erwachsenenalter davon erfuhr, habe ich selbst für mich geführte Mental- und Meditationsprogramme entwickelt. Diese habe ich dann über ein Mikrofon in den Computer eingesprochen und fast täglich durchgearbeitet und gehört. Der Vorteil war, dass ich mich nicht um die Abläufe der einzelnen Übungen kümmern musste. Ich konnte nach innen gehen und mich auf meine Gefühle konzentrieren. Wenn man angespannt ist, sich Abläufe merken soll und dann noch auf die Gefühle achten muss, dann kann einen das überfordern. Daher wählte ich diesen Weg. Es gibt gute Autoren von Audioprogrammen, die ebenso ein großes Interesse an ihren Hörern haben. Dennoch muss ich auch vor den Programmen warnen, die viele unkontrollierte Botschaften an ihre Hörer senden. Oftmals geht es ihnen dann schlechter und sie wissen nicht, warum. Es muss wirklich professionell sein. Ein Audioprogramm ist natürlich kein Allheilmittel. Es kann maximal eine gute begleitende Unterstützung bei der Arbeit an sich selbst bieten. Viele meiner Klienten bekommen von mir ein ganz individuelles und auf sie abgestimmtes Audioprogramm, damit sie auch nach den Sitzungen die Inhalte und Prozesse einfacher automatisieren können. Viele Klienten erzielen die erstaunlichsten Ergebnisse bereits nach wenigen Anwendungen und manche brauchen etwas länger.

Speziell zu diesem Buch habe ich ein Audioprogramm entwickelt. Eigentlich wollte ich es separat anbieten. Ich habe mich aber entschlossen, es dir zu schenken. Dieses Audioprogramm ist exakt auf das verbesserte Lernen zugeschnitten. Du kannst es dir unter folgendem Link kostenfrei herunterladen. Separat kostet es 29,95 €. Für dich als Leser oder Leserin dieses Buches ist es ein Geschenk aus vollem Herzen. Ich wünsche dir viel Freude dabei.

https://www.rd-huelsmeyer.com/lernen-zusatzmaterial

4.12 Gestärkt in die Prüfung - ohne Angst

Viele Schülerinnen und Schüler haben enorme Angst vor Klassenarbeiten, Klausuren oder anderen Prüfungssituationen. Ich selbst hatte das früher auch. Bereits Tage vorher wurde ich nervös, hektisch und konnte mich nicht aufs Lernen konzentrieren. In der Prüfungssituation selbst fühlte ich mich oft bereits so schlecht, als wäre das Urteil schon gesprochen. Dabei ist das völliger Quatsch. Vor einer Prüfung selbst kann man gar keine Angst haben. Denn dort gibt es keine Bedrohung. In der Regel haben betroffene Schülerinnen und Schüler eher Angst vor dem, was aus der Prüfung resultieren könnte. Das Gehirn spielt uns einen Streich und baut ein Horrorszenario auf. Das liegt daran, dass wir die Situation gerne kontrollieren würden, was aber nicht möglich ist. Die Frage ist also: Was befürchtet man wirklich? Ist es die schlechte Note, die Ablehnung anderer Menschen, nicht versetzt zu werden, sich selbst nicht gerecht geworden zu sein oder etwas anderes? Es ist wichtig, die Angst genau zu lokalisieren und dann aufzulösen. Das geht in der Regel sehr schnell, sodass auch Prüfungssituationen kein Problem mehr darstellen werden.

In all den Jahren meiner Begeisterung für mentale Techniken habe ich viele Methoden und Therapien ausprobiert. Doch immer gab es irgendetwas, was nicht mehr zeitgemäß war, nicht dauerhaft geholfen hat oder überhaupt nicht funktionierte. Dadurch, dass ich mich schon immer für Menschen, Psychologie und das Leben interessierte, viel studiert und ausprobiert habe, entschloss ich mich, ein Werkzeug zu entwickeln aus den Dingen, die funktionierten. Das Werkzeug musste aber auch so flexibel sein, dass es für alle Persönlichkeitstypen einsetzbar war. Daraus ist die Source Code Therapy entstanden. Die Source Code Therapy ist eine fantastische Coaching-Methode, um nicht nur Ängste und Panik in den Griff zu bekommen, sondern auch sämtliche andere psychische und mentale Herausforderungen zu meistern. Als ich erkannte, dass viele Probleme, die ein Mensch haben kann, immer mit Gedanken, Gefühlen oder Emotionen zusammenhängen, war mir klar, dass ich genau dort ansetzen muss.

Natürlich ist es so, dass in diesem Buch nicht der Raum ist, dich komplett in der Source Code Therapy auszubilden. Das ist auch nicht Sinn und Zweck. Ich möchte dir dennoch die wesentlichen Schritte einer Variante der Methode mit auf den Weg geben. Du kannst sie selbst anwenden. Wenn du jemanden hast, der dich darin anleiten kann, dann ist es noch besser. So kannst du dich vollkommen auf die einzelnen Schritte fokussieren. Nimm dir in jedem Fall mindestens 45 – 60 Minuten Zeit für eine Sitzung.

Eine der vielen Source-Code-Varianten hat 10 Schritte, die ich dir im Folgenden kurz erläutere.

Schritt 1: Baue Vertrauen auf

In diesem Schritt ist es ganz wichtig, dass du das Gefühl von Vertrauen erzeugst. Das kannst du tun, indem du dich an eine Situation aus deiner Vergangenheit erinnerst, in der du maximales Vertrauen verspürt hast. Stelle es dir so intensiv wie nur möglich vor. Und genau dieses Gefühl nimmst du mit in die nächsten Steps. Das Gefühl von Vertrauen öffnet dein Unterbewusstsein und sorgt dafür, dass die nächsten Schritte funktionieren.

Schritt 2: Lege dein Ziel fest

Was jetzt so einfach klingt, ist für viele nicht so easy. Denn oftmals wissen Menschen nicht, was sie wollen. Und genau darum geht es hier. Mache dir bewusst, was dich stört und um welches negative Gefühl es dir wirklich geht. Beschreibe dieses Gefühl so exakt wie möglich. Wo sitzt es in deinem Körper? Was bewegt sich dort? Welche Symptome werden ausgelöst?

Nun machst du den Shift. Jetzt geht es darum, dir die Frage zu beantworten, wie du dich stattdessen fühlen möchtest. Wenn du Angst vor Ablehnung hast, dann ist selbstverständlich, dass du diese Angst nicht mehr haben möchtest. Aber wie möchtest du dich zukünftig in den Situationen fühlen, wo du bisher diese Ablehnung hattest? Versuche, an dieser Stelle bitte so präzise wie möglich zu sein. Und dann stellst du dir einfach mal drei Situationen hintereinander vor, in denen du dich schon einmal genau so gefühlt hast. Beschreibe das Gefühl so exakt wie möglich. Wo sitzt es in deinem Körper? Was bewegt sich dort?

Wenn du das hast, dann stelle dir bitte einmal in deinem Raum eine große Lichtkammer vor. Ich nenne sie die Power Box. Diese Power Box sollte so groß sein, dass du dich nachher hineinstellen kannst. Und jetzt projizierst du genau dieses gute Gefühl aus den drei vorherigen Situationen in die Box. Stell dir genau vor, wie dieses Gefühl oder die Energie des Gefühls aus dir herausströmt und in die Power Box fließt, dort gespeichert und konserviert wird. Sobald du spürst, dass es schwächer wird, ist genau das dein Signal, um zum nächsten Schritt zu gehen.

Schritt 3: Mache dir die Hindernisse bewusst

In vielen Therapie- oder Coaching-Methoden wird häufig missachtet, dass auf jedem Weg irgendwelche Hindernisse auftreten können und wahrscheinlich auch werden. Das führt in der Regel dazu, dass viele Menschen sich ein gedankliches Luftschloss bauen und letztlich daran scheitern, dass sie die Erwartung hatten, alles würde reibungslos laufen. Das Leben und gerade auch die Schule steckt jedoch voller Herausforderungen und deswegen ist dieser Schritt so wichtig. Mache dir also jetzt bewusst, welche Hindernisse auftreten können. Dabei musst du dich nicht in irgendwelche Horrorszenarien reinsteigern, sondern einfach nur auflisten, welche Hürden du auf deinem Wege erwarten kannst. Und dann triffst du eine Entscheidung. Du triffst die Entscheidung, dass du all diese Hürden nehmen wirst. Du gehst gedanklich einfach hindurch oder um diese Hindernisse herum. Egal, was kommt. Wenn du das in der richtigen Intensität machst, dann wirst du möglicherweise auch das Gefühl von einer starken Durchsetzungskraft spüren. Wenn dem so ist, dann stelle dir wieder die Power Box vor und projiziere genau wie im vorherigen Schritt dieses Gefühl von Durchsetzungskraft hinein. Es strömt aus dir heraus direkt in die Box, wird dort gespeichert und konserviert. Und vielleicht kannst du dir vorstellen, wie sich beide Gefühle aus Schritt zwei und aus diesem Schritt miteinander verbinden und noch stärker werden. Sobald du spürst, dass dieses Gefühl schwächer wird, ist es wieder dein Signal, um zum nächsten Schritt zu gehen.

Schritt 4: Erzeuge Begierde und Berührtheit

Viele Menschen wissen, was sie nicht wollen. Sie wissen aber nicht, was sie stattdessen wollen und auch nicht, warum. Um jedoch in die richtige Frequenz zu kommen, Erfolge zu erzielen, Ängste abzubauen oder schwierige Schritte zu gehen, ist es erforderlich, dass wir ein Gefühl von Begierde und emotionaler Berührtheit erzeugen. An dieser Stelle solltest du dir die Frage beantworten, warum du dich unbedingt so fühlen möchtest, wie du es in Schritt zwei definiert hast. Einfache Antworten reichen hier nicht aus. Mit einfachen Antworten meine ich Sätze wie: „Damit es mir besser geht oder damit ich bessere Noten schreibe." Das sind Gedanken des Mangels. Und Mangel ist eine Frequenz, die nur noch mehr Mangel erzeugen wird. Wir brauchen also einen emotionalen Grund, der uns so berührt und Begierde erzeugt, dass wir es kaum erwarten können, endlich loszulegen und unser Ziel zu erreichen. Wenn du dann das Gefühl von Berührtheit und Begierde erzeugt hast, gehst du wieder genauso vor wie in Schritt zwei und Schritt drei. Du projizierst es in deine Power Box. Sobald du spürst, dass dieses

Gefühl wieder etwas schwächer wird, ist das dein Signal, um zum nächsten Schritt zu gehen.

Schritt 5: Stelle dich dem Worst-Case-Szenario

Stelle dir bitte vor, was passieren würde, wenn du dein gewünschtes Ergebnis niemals erreichen würdest. Welche Auswirkungen hätte das für dein Leben und für das Leben von anderen Menschen, die dir wichtig sind? Und welche Auswirkungen hätte das für die Welt? Denn eins ist klar, je besser es dir geht, desto besser geht es auch deinem Umfeld und der Welt. Doch was ist, wenn das alles niemals eintritt? Ich möchte, dass du dir diesen Gedanken ganz bewusst machst. Baue dann eine vollkommene Ablehnung dagegen auf. Du musst diesen Gedanken wirklich eklig finden. Es muss das Gefühl entstehen, dass dieser Fall niemals eintreten wird. Du brauchst eine hundertprozentige Entschlossenheit, dass du es nicht zulassen wirst, dass dieser Fall jemals eintritt. Erzeuge also das Gefühl von: „Ich schaffe es 100-prozentig." Dieses Gefühl projizierst du auch in deine Power Box. Genauso wie im Schritt 2, 3 und 4. Sobald du spürst, dass dieses Gefühl wieder etwas schwächer wird, ist das dein Signal, um zum nächsten Schritt zu gehen.

Schritt 6: Bündle die Energien, verstärke sie und tauche ein

Stelle dir nun bitte einmal vor, wie sich die vier Gefühle aus den Schritten 2-5 in der Power Box miteinander vermischen. Sie vermischen sich farblich miteinander und werden zu deiner Lieblingsfarbe. Jetzt projizierst du gedanklich ein Symbol in die Kammer, welches dir entspricht. Dann kannst du aufstehen und dich in diese Power Box hineinstellen. Wenn du alles richtig gemacht hast, dann wirst du spüren, dass sich in deinem Körper etwas verändert. Tanke dich mit der Energie, die du jetzt wahrnimmst, einmal vollkommen auf. Nimm dir ausreichend Zeit dafür. Lade dich richtig auf. In dieser Power Box ist nun alles, was du dir für diesen Prozess gewünscht hast. Stelle dir gerne auch eine kleine Ampel vor, die aktuell noch auf Rot steht und sobald du völlig aufgetankt bist, auf Grün springt. Das ist dann dein Zeichen, um zum nächsten Schritt zu gehen.

Schritt 7: Reise zum Source Code

Jetzt kommen wir zu einem sehr spannenden Teil. Wir machen die Reise zum Source Code. Was bedeutet das? Der Source Code eines Menschen ist der Ursprung, sozusagen die Quelle. Es ist der Zustand, den wir Menschen haben, wenn wir tatsächlich wir selbst sind und nicht von irgendwelchen Konditionierungen beeinflusst werden. Stelle dir mal ein kleines Baby vor. Es befindet sich in einem Alter, in dem es noch nicht sprechen kann und nicht wirklich denkt. Das Baby liegt nur da und nimmt wahr, was gerade ist. Und genau zu diesem Zustand möchte ich dich führen. Denn genau das ist der Zustand, den wir brauchen, damit Veränderung in Lichtgeschwindigkeit möglich werden kann. Du weißt mittlerweile, dass Gedanken, Gefühle und Emotionen sich miteinander vernetzen. Aus diesem Grund ist es auch logisch, dass hinter jedem Gefühl, das wir fühlen, noch ein anderes steckt. Und manchmal sind es 6, 7 oder 8 Stationen, die hinter dem Gefühl stecken, das wir gerade empfinden. Dahinter verbirgt sich dann das sogenannte Urgefühl oder, wie ich es nenne, „der menschliche Source Code“. In schwierigeren Fällen können es auch noch mehr Stationen sein. Das spielt aber keine Rolle. Wichtig ist, dass wir möglichst schnell den Zustand von Source Code erreichen. Denn das ist die Basis für die nächsten Schritte.

Starten wir ...

Setze oder lege dich hin und schließe dabei deine Augen. Gehe zurück in das störende Gefühl, welches du im Schritt zwei benannt hast. Möglicherweise handelt es sich hierbei um deine Prüfungsangst, die du auflösen möchtest. Mache dir an dieser Stelle bewusst, wo du dieses Gefühl im Körper spürst. Nun ist es wichtig, dass du dieses Gefühl nicht bewertest, nicht beurteilst, sondern nur beobachtest und nicht veränderst. Wenn bis hierhin alles richtig gelaufen ist, dann kannst du deinem Unterbewusstsein Fragen stellen und es wird entsprechend antworten. Rechne aber bitte nicht damit, dass dein Unterbewusstsein dir verbal antwortet. Es wird mit einem Gefühl antworten. Die Frage, die du jetzt deinem Unterbewusstsein stellst, ist:

„Welches Gefühl kommt, wenn du erreicht hast, was du erreichen möchtest?"

Hierbei ist es wichtig, dass du tatsächlich dein Unterbewusstsein befragst und nicht dich selbst oder deinen Verstand. Du merkst den Unterschied darin, dass dein Unterbewusstsein einfach mit einer Veränderung des Gefühlszustandes antworten wird. Irgendetwas in deinem Körper verändert sich jetzt. Denn jedes Gefühl hat einen wichtigen Hintergrund. Wenn du zum Beispiel Angst vor Ablehnung hast und deinem Unterbewusstsein die Frage stellst, dann kann es sein, dass auf einmal ein Gefühl von Peinlichkeit, Kleinheit oder Wut auftritt. Das ist das, was hinter deiner Angst steckt. Du lässt dich aber wieder nicht auf irgendwelche Bewertungen oder Interpretationen ein, sondern stellst deinem Unterbewusstsein erneut die Frage:

„Welches Gefühl kommt, wenn du erreicht hast, was du erreichen möchtest?"

Wenn alles richtig läuft, dann stellst du erneut fest, dass sich dein Gefühl wieder verändert. Vielleicht kommt eine Traurigkeit, eine Lähmung, Enttäuschung oder auch etwas anderes zum Vorschein. Lasse es einfach zu. Bleibe für einen Moment bei diesem Gefühl. Vielleicht für 15 – 20 Sekunden. Dann stellst du erneut die Frage. Es taucht wieder ein anderes Gefühl auf. In diesem Prozess können starke Gefühlsschwankungen auftreten. Das ist ganz normal und gewollt. Manchmal kommen Glücksgefühle, manchmal sind es negative Emotionen. Lasse alles da sein und durchlebe es immer für ein paar Sekunden. Mache diesen Prozess bitte solange, bis die Prozesskette komplett durchlebt ist. Du merkst das Ende der Kette daran, dass es innerlich sehr hell wird und sich ein wohlig warmes Gefühl von absoluter Harmonie und Leichtigkeit einstellt. Wenn ich diesen Prozess selbst durchlebe, dann kommt bei mir am Ende meist das Gefühl „vom Wasser getragen zu werden" und es ist so, dass nichts mehr wichtig ist für diesen Moment. Es zeigt sich jedoch bei jedem Menschen auf eine individuelle Art und Weise. Wenn du dort angelangt bist, dann genießt du diesen Zustand, solange es geht. Viele meiner Klienten oder Ausbildungsteilnehmer haben sich seit vielen Jahren nicht mehr so wohl und von der Welt geliebt gefühlt wie in diesem Moment. Das liegt dann daran, dass dieses Urgefühl vom alltäglichen Leben zugeschüttet wurde. Dabei ist es unser normalster Zustand. Vergegenwärtige dir zum Abschluss dieses Schrittes dein Urgefühl und projiziere es ebenfalls in deine Power Box. Du weißt mittlerweile, wie das funktioniert. Dann steigst du nochmal in deine Box und lädst dich mit den kraftvollen Gefühlen richtig auf. Dir erscheint wieder eine rote Ampel, die auf Grün springt, sobald du vollkommen aufgeladen bist. Wenn du so weit bist, dann gehst du zum nächsten Schritt.

Schritt 8. Verändere die Sinnesqualitäten

In diesem Schritt geht es darum, deine Wahrnehmung bezogen auf dein Problem, deine Angst oder Prüfungssituation zu verändern, sofern es noch notwendig ist. Bei vielen meiner Klienten ist die meiste Arbeit an dieser Stelle bereits getan. Dennoch praktiziere ich diesen Schritt jedes Mal.

Setze oder lege dich hin und schließe für einen Moment die Augen. Wenn du dann an das negative Gefühl denkst, stellst du dir bitte gleichzeitig die Frage: „Welche negativen Erinnerungen jetzt noch?“ Nimm dir eine Situation und schaue sie dir innerlich genau an. Wie sieht es aus? Welche Farben kannst du sehen? Schaue es dir ganz genau im Detail an. Und jetzt stelle dir vor, dass das Bild schwarz-weiß wird. Du hast also keine Farben mehr im Bild. Beobachte dabei dein Gefühl, wie es sich verändert. Dann gehst du weiter und stellst dir vor, wie das schwarz-weiße Bild anfängt zu flackern. Achte wieder auf dein Gefühl. Wie verändert es sich? Drehe das Bild um 180 Grad auf den Kopf. Achte wieder auf dein Gefühl. Wie verändert es sich? Mache das Bild jetzt klein wie eine Briefmarke. Nimm dann die Briefmarke und klebe sie auf einen Briefumschlag oder ein Paket und schicke es weg. Wie fühlst du dich jetzt, nachdem du diesen Prozess einmal durchlaufen bist, im Vergleich zu dem farbigen Bild? Im Normalfall dürftest du schon einen deutlichen Unterschied verspüren. Schaue dir bitte noch mal in Gedanken das farbige Bild an und bewerte, ob sich das Gefühl dazu verändert hat. Die meisten meiner Klienten bemerken bereits beim ersten Durchlauf eine deutliche Veränderung. Damit aber nicht genug. Gehe diesen Prozess noch ein paarmal gedanklich durch, sodass du zu diesem farbigen Bild, welches vorher emotional negativ aufgeladen war, ein positives oder neutrales Gefühl hast. Wenn du das erledigt hast, dann kannst du dich dem nächsten auftretenden inneren Bild widmen und das gleiche vollziehen. Das machst du so lange, bis keine negativ besetzten Bilder mehr auftreten und alles neutralisiert ist.

Schritt 9. Blicke aus der Power Box

Jetzt ist der Zeitpunkt gekommen, an dem wir überprüfen wollen, inwieweit das Problem, die Angst oder das negative Gefühl noch bestehen. Dafür musst du jetzt nichts weiter tun, als dich wieder in die Power Box zu stellen. Lade dich auf und stelle dir danach vor, wie sich die negative Situation direkt vor dir befindet. Wenn es eine Prüfungssituation ist, dann stelle dir vor, dass du in der Power Box stehst, ummantelt und geschützt. Vor der Power Box läuft die negative Szene ab. Beobachte dabei dein Gefühl. Wenn es dir so geht wie den meisten Menschen, die mit dieser Methode arbeiten, dann dürftest du feststellen, dass sich dein Gefühl deutlich verändert. Sollte dem nicht so sein, dann wiederholst du den gesamten Prozess noch einmal, bis es funktioniert.

Schritt 10. Mache positive Erfahrungen im Alltag

Natürlich ist es sehr schön, wenn wir während einer Therapie oder eines Coachings ein so wundervolles Erfolgserlebnis verspüren. Wichtig ist jedoch die Nachhaltigkeit, und dass dieses Gefühl zu einem festen Programm in uns wird. Bei den meisten Menschen besteht dieses Programm hier bereits. Je nachdem, welche Eingangsvoraussetzungen du mitgebracht hast, kann es jedoch sein, dass du im Alltag oder in Prüfungssituationen noch kleine Unsicherheiten verspürst. Um diesen kleinen Unsicherheiten entgegenzuwirken, ist es wichtig, auch in realen Situationen positive Erfahrungen zu machen. Denn dadurch festigen sich das neue Gefühl und das neue Verhalten. Das bedeutet für dich, in diesem zehnten Schritt deinen Mut zusammenzunehmen und dich den Prüfungssituationen zu stellen, ohne dich in irgendetwas reinzusteigern. Die neuen Erfahrungen, die du machen wirst, sorgen dann dafür, dass du das Gelernte noch besser verfestigst und vernetzt. Solltest du jedoch noch unzufrieden mit deinem Gefühl sein, dann kann es hilfreich sein, den Source-Code-Prozess zu wiederholen.

Dies war jetzt der Einblick in eine Variante der Source-Code-Therapy, die ich typengerecht in mehreren Formen entwickelt habe. Damit kannst du jetzt schon arbeiten, wenn du möchtest.

Beantworte folgende Fragen, um die Inhalte zu verinnerlichen:

- Mit welchen Techniken kannst du Prüfungsangst auflösen?
- Mit welchen Methoden kannst du Leistungsdruck eliminieren?
- Wie kannst du deine innere Stimme beeinflussen?
- Wie kannst du dich selbst auf Erfolg programmieren?
- Wie gehst du in Zukunft mit Hassfächern und unangenehmen Lehrern um?

5.0 Die 10 besten Lerntechniken

„Die Verbindung von mentaler Stärke und den geeigneten Lerntechniken ergeben den Erfolg."
Robert D. Hülsmeyer

Mittlerweile hast du eine Fülle an fantastischen Tools und Werkzeugen kennengelernt. Du weißt, was du erreichen willst, wie das Gehirn und das Unterbewusstsein funktionieren. Du hast Werkzeuge, um deine Zeit zu managen und bist mit den besten Mentaltechniken ausgerüstet, um dich selbst in einen guten Zustand zu bringen.

Jetzt kommen wir zu dem Teil, der erst spannend wird und richtig zur Geltung kommt, wenn du alles andere erledigt und verinnerlicht hast. Ohne die mentale Grundlage werden Lerntechniken dir nicht weiterhelfen. Mit der entsprechenden Grundlage kannst du nochmal um 10 -15 Prozent effektiver werden.

Im Folgenden führe ich dich jetzt durch die bekanntesten und besten Lerntechniken. Diese haben auch mir geholfen schneller und besser zu werden. Sei gespannt.

5.1 Abläufe, Listen und Strukturen einfach merken

Wenn du dir einen Ablauf, eine Liste oder eine Struktur merken möchtest, dann ist die „Loci-Technik“ perfekt dafür geeignet. Du wählst zunächst einen Weg in deinem Zuhause aus, zum Beispiel den Weg von deinem Zimmer ins Wohnzimmer. Wenn du jetzt eine Liste mit 10 oder mehr Punkten hast, die du dir merken möchtest, dann verbindest du Gegenstände auf diesem Weg mit den einzelnen Punkten deiner Liste. Zur Visualisierung kannst du auch Klebezettel nehmen und diese auf dem Weg aufhängen. Diese Vorgehensweise hat dann den Vorteil, dass du dich später nur an den bekannten Weg erinnern musst und dich automatisch auch an einzelne Punkte deiner Liste erinnerst. Selbstverständlich kannst du auch jeden anderen Weg wählen, sei es im Garten, im Wald oder in der Schule.

Du kannst die Punkte deiner Liste auch gedanklich auf deinem Körper ablegen. Nehmen wir mal an, du möchtest dir die 10 Gebote merken, dann legst du eine Körperroute mit 10 markanten Stationen fest und verknüpfst je eine Station mit einem Gebot. Am besten kann man sich die Dinge merken, wenn man sie auf lustige Art miteinander verbindet.

Ich gebe dir ein Beispiel für die 10 Gebote:

1. Kopf – Du sollst keine anderen Götter neben mir haben.
Stell dir einfach vor, dass du zwei Köpfe hast, die sich streiten, wer nun der einzig wahre Gott ist.

2. Stirn – Du sollst den Namen Gottes nicht verunehren.
Stell dir vor, dass auf deiner Stirn Gott geschrieben steht und dir gleichzeitig zwei Teufelshörner wachsen.

3. Augen – Du sollst den Tag des Herrn heiligen.
Stell dir vor, wie du die Augen öffnest, ein neuer Tag beginnt und du Menschen siehst, die den heiligen Herrn anbeten.

4. Mund – Du sollst Vater und Mutter ehren.
Stell dir vor, wie du mit deinen Eltern am Tisch sitzt und genüsslich dein Lieblingsessen, das sie dir gekocht haben, in den Mund schiebst. Dafür schenkst du ihnen zur Ehre einen Pokal.

5. Kinn – Du sollst nicht töten.
Stell dir vor, du hättest eine Messerspitze vorn am Kinn und schiebst eine Schutzhülle darauf.

6. Hals – Du sollst nicht ehebrechen.
Stell dir vor, du hättest einen großen Ehering um den Hals, der dich an dein Eheversprechen erinnert.

7. Brust – Du sollst nicht stehlen.
Stell dir, vor du hättest einen Brustbeutel mit ganz viel gestohlenem Geld darin.

8. Bauch – Du sollst nicht falsch gegen deinen Nächsten aussagen.
Stell dir vor, du sitzt im Gericht. Dein Nachbar ist angeklagt und du sollst eine Aussage machen. Du redest aber kein Wort, sondern stehst auf und streichelst dir einfach den Bauch.

9. Beine – Du sollst nicht begehren deines Nächsten Frau.
Stell dir vor, du stehst im Garten und schaust zu deinem Nachbarn oder deiner Nachbarin hinüber. Dann bemerkst du an deinem Bein eine schwere Kette.

10. Füße - Du sollst nicht begehren deines Nächsten Gut.
Stell dir vor, dass du bei deinem Nachbarn in der Einfahrt ein tolles Auto siehst. Du bist neidisch, setzt dich rein, fährst los und trittst mal so richtig aufs Gas.

Ich weiß nicht, wie es dir geht. Aber die 10 Gebote werde ich nie wieder vergessen. Mit dieser einfachen Technik kannst du dir erstaunlich viele Punkte merken. Je skurriler deine Verknüpfungen sind, desto besser bleiben sie im Gedächtnis haften.

5.2 Fakten, Formeln und Zusammenhänge merken

Wenn du dir Fakten, Formeln und Zusammenhänge sehr leicht merken möchtest, dann kannst du sie dir mit einer sogenannten „Eselsbrücke" einprägen. Davon gibt es bereits sehr viele. Du kannst aber auch deine eigenen Eselsbrücken entwickeln und deiner Lernfähigkeit damit etwas Kreativität verleihen. Bei den Abläufen, Listen und Strukturen hast du schon bemerkt, dass lustige oder skurrile Verknüpfungen am besten hängenbleiben. Stelle auch bei der Eselsbrücke merkwürdige Verbindungen her.

Vielleicht kennst du folgende klassische Eselsbrücken:
Nie **O**hne **S**eife **W**aschen
Norden, Osten, Süden, Westen

Mein **V**ater **E**rklärt **M**ir **J**eden **S**onntag **U**nseren **N**achthimmel.
Merkur, Venus, Erde, Mars, Jupiter, Saturn, Uranus, Neptun

Es gibt verschiedene Möglichkeiten, Eselsbrücken selbst zu entwickeln. In den beiden Beispielen wurde jeweils aus dem Anfangsbuchstaben ein Merksatz gebildet. Du kannst aber auch Reime erstellen, Wortbausteine oder Zahlen nutzen. Der Kreativität sind keine Grenzen gesetzt. Es ist wichtig, dass eine Eselsbrücke im Gedächtnis bleibt. Baue sie daher möglichst **m**erkwürdig, **e**infach, **l**ogisch, **k**urz, **e**motional und **n**achhaltig. Die Eselsbrücke hierzu ist das Wort MELKEN.

Hier noch zwei bekannte Eselsbrücken, bevor du selbst loslegst:

„Gar nicht wird gar nicht zusammengeschrieben."
So merkt man sich, wie „gar nicht" geschrieben wird.

„May I have a large container of coffee?"
Anhand der Anzahl der einzelnen Buchstaben kann man sich die Zahl Pi 3,1415926 merken.

5.3 Vokabeln in Blitzgeschwindigkeit lernen

Viele Schülerinnen und Schüler haben Schwierigkeiten damit, sich Vokabeln zu merken. Mit der Ersatzwortmethode ist es möglich, bis zu 100 Vokabeln oder mehr pro Stunde zu lernen.

Vor einigen Jahren war ich auf einer Veranstaltung mit 500 Zuschauern und einem Referenten, in der es um das Thema Gedächtnistraining ging. Dort hörte ich zum ersten Mal von der Ersatzwortmethode. Er zeigte uns, wie er blitzschnell neue und fremde Vokabeln lernte. Einige Teilnehmer, die ihm schon länger folgten, berichteten, dass sie an einem Wochenende über 800 Vokabeln gelernt hatten. Diese würden praktisch ausreichen, um sich in einem fremden Land gut verständigen zu können. Wie funktioniert diese Wundermethode?

Die Wörter, die man sich merken möchte, werden mit einem bereits bekannten Begriff verknüpft, der einen ähnlichen Klang hat. Wenn du zum Beispiel einen spanischen Begriff hast, dann fragst du dich, woran dich das Wort erinnert. Dann verbindest du die Begriffe bildlich miteinander. Machen wir ein Beispiel:

Das Wort „fe" bedeutet „Glaube". Das spanische Wort erinnert z.B. an eine Fee. Jetzt verbildern wir das Wort „Fee" und „Glaube" miteinander. Du könntest dir also vorstellen, wie du in der Kirche sitzt, an Gott glaubst und dir eine Fee erscheint. Durch diesen Zusammenhang merkst du dir sehr schnell die Bedeutungen in beide Richtungen.

Weitere Beispiele:

„Knüppel" heißt auf Spanisch „garotte". Ein ähnlicher Begriff wäre „Karotte". Jetzt stellst du dir einen Gangster vor, der anstatt eines Knüppels eine Karotte in der Hand hält.

„Hose“ heißt auf Spanisch „calzón“. Ein ähnlicher Begriff wäre eine Pizza Calzone. Jetzt stellst du dir vor, wie du im Restaurant sitzt und dir der Kellner eine Pizza Calzone bringt. Wenn du zu viele davon isst, passt die Hose nicht mehr.

So kannst du zu allen Vokabeln, die du lernen möchtest, einen Ersatzbegriff finden und diesen mit der eigentlichen Bedeutung verbildern. Durch das Ersatzwort erinnerst du dich wieder an die Vokabel. Je ähnlicher der Ersatzbegriff in deiner Muttersprache klingt, desto stärker ist der Effekt. Zu Beginn wirst du sicherlich etwas Zeit brauchen, bis du kreative Einfälle hast. Nach ein wenig Übung werden dir schnell Ersatzworte und kreative Verbilderungen einfallen.

5.4 Zahlen über Bilder erinnern

Kommen wir nun zu einer meiner Lieblingstechniken, dem „Zahl-Symbol-System“. Wenn du dir Zahlenfolgen, Auflistungen oder Strukturen merken möchtest, dann ist diese Methode perfekt dafür geeignet. Wichtig ist jedoch, sie regelmäßig zu nutzen, damit du dich daran gewöhnst und die gemerkten Inhalte auch abrufen kannst. Ebenso kannst du Regeln, Stichpunkte oder Definitionen damit auswendig lernen. Wendest du diese Technik richtig an, dann wirst du dir die Inhalte sehr lange merken können. Wichtig ist, dass du dabei deiner Fantasie keine Grenzen setzt. Je verrückter du mit dieser Methode arbeitest, desto einprägsamer ist dein Ergebnis.

Für diese Technik verbindest du zunächst Zahlen mit Grafiken und merkst dir diese Kombinationen. Vorteilhaft ist es, wenn du Symbole nimmst, die den Zahlen optisch ähneln. Bei der 1 z.B. eine Fahne, bei der 2 ein Schwan, bei der 7 eine Harfe usw.

1 = Fahne	6 = Würfel
2 = Schwan	7 = Harfe
3 = die Heiligen Drei Könige	8 = Geldbeutel
4 = Stuhl	9 = Schnecke
5 = Hand	10 = Trompete

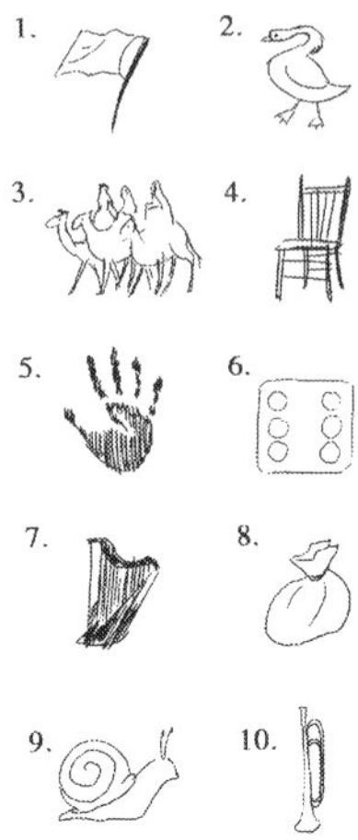

Wenn du dir z.B. von einer Bankkarte den Pincode 2738 merken möchtest, dann erstellst du eine kuriose Geschichte. Die könnte wie folgt lauten: *„Der Schwan steht in einer Einkaufsstraße und spielt Harfe. Dann kommen die Heiligen Drei Könige mit einem Geldbeutel vorbei und legen ihn vor dem Schwan ab.“*

Mit dieser Technik habe ich komplette Vorträge lernen und anschließend frei sprechen können. Ich bin sehr gespannt, was du aus dieser Methode herausholen kannst.

5.5 Die Geschichten-Technik

Eine ähnliche Möglichkeit wie das „Zahlen-Symbol-System“ ist die „Geschichten-Technik“. Der Unterschied liegt darin, dass es keine Zahlen und keine vorgefertigten Symbole gibt. Ebenso verbindest du aber deine Inhalte bildlich mit einer selbstkonstruierten Geschichte. Auch hier gilt, je ungewöhnlicher, schräger und kreativer die Geschichte ist, desto besser kannst du sie dir merken.

Erstellen wir ein Beispiel zum Thema Lernen, indem wir die Mentaltechniken aus dem letzten Kapitel zu einer Geschichte formen.

Du gehst auf einem Feld spazieren und siehst ein Lagerfeuer (1. Das Feuer der Begeisterung entfachen). Aus deinem Ärmel schüttelst du deine Wanderkarte, auf der ein Motiv (2. Maximale Motivation aus dem Ärmel schütteln) von diesem wunderschönen Ort abgebildet ist. Du siehst, wie alle Lehrer, die du nicht leiden kannst, um das Feuer herumtanzen. Dabei lässt du dir nichts anmerken und bleibst absolut souverän (Souveräner Umgang mit Hassfächern und unangenehmen Lehrern). Ein Lehrer kommt zu dir und sagt dir, dass Ihr am nächsten Tag eine Klassenarbeit schreiben werdet. Es kommen Selbstzweifel in dir auf, ob du das schaffen wirst. Der Lehrer trägt ein zugeknöpftes Hemd. Du drückst auf einen der Knöpfe und deine Selbstzweifel verschwinden. (Selbstzweifel auf Knopfdruck besiegen). Am nächsten Tag sitzt du in der Klasse, alle Schüler sind aufgeregt und stehen unter enormem Druck. Nur du schaukelst mit dem Stuhl und bist vollkommen gelassen (Gelassen mit Leistungsdruck umgehen). Denn deine innere Stimme spricht und gibt dir alle Lösungen, die du brauchst (Die innere Stimme kontrollieren). Nach der Klassenarbeit klappst du deinen Laptop auf. Daran hängen zwei Kabel, die du dir an den Kopf klebst. Damit programmierst du dich für die nächsten Unterrichtsstunden auf Erfolg (Sich selbst auf Erfolg programmieren). Eine Schülerin lacht dich dafür aus und du fühlst dich davon genervt, drückst dabei eine Taste auf dem Laptop und das negative Gefühl verschwindet (Wie negative Gefühle von selbst verschwinden). Nun läuft auf deinem Laptop ein Countdown von 7 Minuten. Das nächste Programm startet. Nach Ablauf der Zeit verwandelst du dich in einen Superhelden. Du hast sofort mehr Energie und Gelassenheit. (In 7 Minuten mehr Energie und Gelassenheit). Du stehst auf, schaust in den Spiegel und weißt nun, wer du wirklich bist – ein Superheld (Das wahre Wesen in sich entdecken). Dann setzt du dir einen Kopfhörer auf und hörst ganz laut Musik. Dabei tanzt du durch die Klasse (Audioprogramme zur Selbstoptimierung). Nun siehst du alle deine Lehrer vorne in der Klasse stehen. Sie werfen dir gleichzeitig Prüfungen, Klausuren und Klassenarbeiten zu. Im Flug füllst du alle Blätter in Lichtgeschwindigkeit aus und wirfst sie zurück. (Gestärkt in die Prüfung).

Du kannst selbst zu jedem Thema, Ablauf oder Zusammenhang solche Geschichten entwickeln und entwerfen. Vielleicht denkst du im ersten Moment, dass es sehr aufwändig ist. Tatsächlich ist es nur am Anfang so. Langfristig bist du um ein Vielfaches schneller und die Wahrscheinlichkeit, dass du alles behältst, ist sehr groß. Die Verbilderung in eine Geschichte hilft dir dabei.

5.6 Komplexe Themen und Zusammenhänge lernen

In einigen Fächern kommt es vor, dass man komplexere Themen und Zusammenhänge verstehen, lernen und wiedergeben muss. Um das sicher und souverän umzusetzen zu können, kann man wunderbar die „Mindmap-Methode" verwenden. Sie zählt zu den kreativen Lernmethoden und wurde 1974 von dem Briten Tony Buzan entwickelt. Der Vorteil ist, dass man sämtliche Lerninhalte in einem Bild, meist auf einer Seite, aufbereitet. So bekommt man schnell einen Gesamtüberblick über komplexere Themen und Zusammenhänge. Dadurch, dass Lerninhalte in einer Bildsprache visualisiert werden, können sie vom Gehirn besser gemerkt und wieder erinnert werden. So ist das Lernen viel effektiver. Die Mindmap-Methode eignet sich außerdem für das Sammeln und Strukturieren von Gedanken, Ideen und Lösungen.

Das Hauptthema steht bei einer Mindmap immer im Zentrum, also in der Mitte. Die Unterthemen bilden die Fragestellungen als erste Ebene der Verästelung. In die einzelnen Verästelungen können dann weitere Unterpunkte eingefügt werden, um das Thema oder die Ideen vollständig zu erfassen.

Hier hast du noch ein Beispiel für eine Mindmap zu dem Thema Mindmapping:

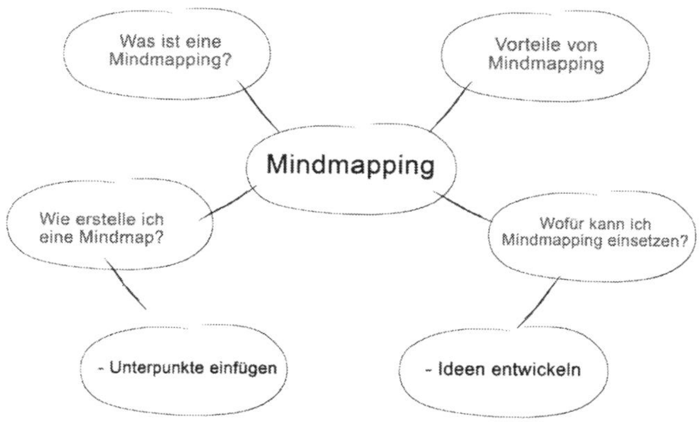

5.7 Die „Spickzettel-Technik“

In meiner Schulzeit war ich der Spickzettelkönig der gesamten Schule. In diesem Abschnitt wirst du erfahren, wie es mir gelang, nicht ein einziges Mal erwischt zu werden.

Ich erinnere mich an einen Geschichtstest in der 8. Klasse. Es ging um den Nationalsozialismus und den Zweiten Weltkrieg. Da ich mir die ganzen Inhalte, Zahlen und Daten nicht merken konnte, schrieb ich mir einen genialen Spickzettel. Die 22 Buchseiten waren nun komprimiert auf einem kleinen magischen Zettelchen. Ganz viele kleine Stichpunkte, die ich mit einem sehr feinen Druckbleistift aufschrieb. Damals trug ich gerne Kapuzenpullover mit einer durchgehenden Tasche vorne. Dort war auch mein Spickzettel drin. Während ich mir die ersten Aufgaben des Tests durchlas, entschied ich, den Spickzettel noch nicht herauszuholen. Die ersten Fragen konnte ich problemlos lösen. Dann kam eine Aufgabe, die ich nicht sofort beantworten konnte. Und da fiel mir der Spickzettel wieder ein. Ich holte ihn aber immer noch nicht heraus. Denn ich sah ihn auf einmal in meinem Kopf. Es war, als hätte ich mit meinen Augen ein Foto gemacht und könnte in meinem Kopf darauf lesen. Das war genial. So beantwortete ich auch die nächsten Fragen und gab den Test der Lehrerin zurück. In der Folgestunde bekam ich eine Eins mit voller Punktzahl zurück. Fantastisch!

Fast zu jeder Klassenarbeit bereitete ich seitdem fein säuberlich einen Spickzettel vor. Alle Inhalte, die hätten vorkommen können, waren komprimiert enthalten. Von Mal zu Mal fiel mir auf, dass ich mir die Inhalte automatisch eingeprägte, während ich den Spickzettel schrieb. Zudem konnte ich mir merken, was wo auf dem Zettelchen stand. Nicht ein einziges Mal musste ich während einer Klassenarbeit spicken. Der Spickzettel war nur dafür da, um mir die Inhalte einzuprägen. Ich ordnete die Themen immer so an, dass ich mich wie mit einem inneren Scanner in der Klassenarbeit an den Spickzettel erinnerte und im Kopf darauf nachlesen konnte, was ich suchte. Gerade in Fächern wie Chemie, Geschichte, Politik, Biologie oder Erdkunde war das die Methode, die für meine grandiosen Noten verantwortlich war.

Experimentiere mal ein wenig damit. Wenn du dir etwas visuell gut merken kannst, dann wirst du mit dieser Methode fantastische Resultate erzielen.

5.8 Die Rollentausch-Technik

Meine Tochter hat sich eine Zeit lang sehr schwergetan, ihre Hausaufgaben in Mathe zu erledigen. Sie war frustriert und genervt. Manchmal saß sie stundenlang am Schreibtisch, ohne auch nur eine Aufgabe gerechnet zu haben. Sämtliche Techniken, Strukturen und Methoden halfen nicht. Ihr Problem in der Situation war das Müssen. Da meine Tochter eine sehr starke Persönlichkeit ist und sich nicht gern etwas sagen lässt, kollidierte das häufig mit den Hausaufgaben.

Um ihr die Situation zu erleichtern, startete ich mit ihr ein kleines Rollenspiel. Ich zog das Flipchart aus meinem Büroraum ins Wohnzimmer und setzte mich auf das Sofa. Dann erklärte ich meiner Tochter, sie sei jetzt die Lehrerin und ich der Schüler. So konnte ich das Machtverhältnis in ihrem Kopf umkehren. Sie begann zu lachen. Das war ein gutes Signal. Sie sollte mir die Aufgaben an dem Flipchart so erklären, als wüsste ich nicht, wie man diese löst. Die Idee begeisterte sie und sie legte los. In weniger als 20 Minuten hatten wir die gesamten Hausaufgaben erledigt. Gemeinsam fotografierten wir alles, druckten die Bilder aus und klebten sie ins Matheheft.

Dadurch, dass sie ihre Rolle von der Schülerin zur Lehrerin wechselte, gelang es ihr, einen anderen mentalen Zustand zu erreichen. Die Blockade löste sich und die Aufgaben waren blitzschnell erledigt. Genau deshalb eignet sich diese Rollentausch-Technik wunderbar, um sich selbst aus schwierigen Situationen zu lösen. Du kannst das in Gedanken mit jedem beliebigen Charakter machen. Werde zu einem Superhelden oder einer Heldin, werde zu einem Prominenten, zu einem Lehrer oder einem Professor. Alles, was dir hilft und funktioniert, ist erlaubt.

Tatsächlich habe ich das als Kind unbewusst auch schon so gemacht. Ich habe mir immer vorgestellt, ich sei ein sehr reicher und adliger Mann, der auf jede Frage eine Antwort hat. Dieser Rollentausch half mir sogar dabei, mein Zimmer aufzuräumen. Ein unordentliches Zimmer wäre auch nicht standesgemäß für eine solche Persönlichkeit gewesen. Manchmal wurde ich sogar so penibel, dass ich meine Pantoffeln vor meiner Zimmertür auszog, um keinen Staub mit ins Zimmer zu tragen. Dann setzte ich mich an meinen Schreibtisch und stellte mir vor, jemand säße vor mir und würde mir Fragen stellen. Wenn ich nicht sofort eine Antwort darauf hatte, nahm ich meine Schulbücher und begann wie ein weiser Mann nachzuschlagen, zu lesen und der imaginären Person meine weisen Worte zu übermitteln. So erledigte ich im Handumdrehen die Hausaufgaben, lernte für Klausuren und Klassenarbeiten. Diese Technik half mir so gut, dass ich über das Rollenspiel sämtliche Inhalte nie wieder vergessen habe.

Sicherlich kostet das etwas Überwindung. Hätte man mich dabei beobachtet, dann wäre das sicherlich unangenehm gewesen. Doch im eigenen Kopf ist so einiges möglich und da bist du sehr frei. Probiere diese Technik mal. Sie hat schon einigen meiner Klienten fantastisch geholfen.

5.9 Die Gruppentechnik

Sehr beliebt ist es mittlerweile auch in Gruppen zu lernen. Gerade für den kommunikativen Lerntyp ist es wichtig, einen laufenden Austausch zu haben. Es ist jedoch zu beachten, eine Struktur festzulegen. Es sollte nicht so sein, dass ein Teil der Gruppe nur Nutznießer ist und die anderen die ganze Arbeit machen. Man muss sich einander ergänzen, damit es auch harmonisch funktioniert. Die Vorteile liegen dann klar auf der Hand.

- Die Motivation wird gestärkt
- Man kann sich mit anderen vergleichen
- Vorhandene Inhalte werden gefestigt
- Erarbeitung von neuem Wissen kann aufgeteilt werden

Um in Gruppen strukturiert arbeiten zu können, gibt es verschiedene Modelle und ein paar Regeln, die man selbst definieren sollte. Aus meiner Erfahrung heraus kann ich dir sagen, dass sich Gruppen bis maximal 6 Personen sehr gut zum Lernen eignen. Diese sollten sich regelmäßig treffen. Entweder persönlich oder online per Videokonferenz. Dann ist es erforderlich, ein Thema zu bestimmen, das erarbeitet werden soll, um dann die einzelnen Teilschritte in der Gruppe aufzuteilen. Jedes Gruppenmitglied bekommt einen oder mehrere dieser Teilbereiche und erarbeitet diese. Dafür können verschiedene Lerntechniken eingesetzt werden. Wenn sich die Gruppe dann wieder trifft, werden die einzelnen Themenblöcke untereinander vorgestellt und vorgetragen, sodass jeder von den Inhalten der anderen profitieren kann. Wichtig ist auch, sich gegenseitig Feedback zu geben und offen darüber zu sprechen, was sehr gut gelaufen ist und an welchen Stellen nachgearbeitet werden sollte.

Wenn du eine Lerngruppe gründen oder in eine einsteigen möchtest, dann könnt Ihr Eure Abläufe natürlich selbst definieren und festlegen. Es sollten jedenfalls alle mit dem Vorgehen einverstanden sein, damit es nicht zu unnötigen Reibereien kommt. Mit der Gruppentechnik können sehr zeitintensive Themen auf mehrere Schultern verteilt und dann untereinander ausgetauscht werden. Ziel sollte es sein, in deutlich weniger Zeit mehr zu lernen. Dann ist das Lernen in der Gruppe eine tolle Möglichkeit.

5.10 Mediale Lerntechniken

Neben den klassischen Lerntechniken kannst du auch die modernen Medien nutzen. Es gibt zahlreiche Videos, Apps und Lernplattformen, die dich beim Lernen unterstützen können. Dabei ist es wichtig, dich nicht davon ablenken zu lassen, sondern strukturiert vorzugehen.

Wenn du für eine mündliche Prüfung lernst, dann kann es hilfreich sein, vor laufender Kamera oder in ein Audioaufnahmegerät die Inhalte einzusprechen. So kannst du es dir wiederholt ansehen oder anhören. Damit schulst du genau das Zentrum im Gehirn, welches direkt mit dem Sprachzentrum verbunden ist.

Für sämtliche Lerntechniken gibt es auch Programme und Apps. Ich nutze für Mindmapping das Tool „SimpleMind". Oder ich schreibe mir kleine Spick- oder Erinnerungszettel in ein Textverarbeitungsprogramm. Auch hier sind deiner Kreativität keine Grenzen gesetzt.

Beantworte folgende Fragen, um die Inhalte zu verinnerlichen:

- Mit welchen Techniken kannst du dir komplexe Zusammenhänge besser merken?
- Mit welchen Techniken kannst du Vokabeln schneller lernen?
- Mit welchen Techniken kannst du dir Zahlen, Listen und Abläufe besser merken?
- Welche Technik eignet sich am besten für den kommunikativen Lerntyp?
- Wie funktioniert die Geschichtentechnik?

6.0 Lerntipps für spezielle Typen

Als ich damals eingeschult wurde, wusste ich noch nicht genau, was mich in der Schule erwartet. Doch bereits nach wenigen Wochen zeichneten sich unterschiedliche Entwicklungen zwischen mir und meinen Klassenkameraden ab. Während sich die einen langweilten, weil sie schon lesen, schreiben und rechnen konnten, war ich mit den ganzen Zeichen und Symbolen völlig überfordert. Ich erinnere mich an eine Situation in der 1. Klasse. Die Lehrerin schrieb in Mathe Aufgaben an die Tafel. Ich übertrug diese in mein Heft. Als sie durch die Reihen ging, war ich bereits fertig und lehnte mich zurück. Sie schaute auf mein Blatt und sagte zu mir: „du hast die Aufgaben noch nicht gerechnet. Mach weiter." Ich war schockiert. Tatsächlich wusste ich nicht, was sie damit meinte und wie das gehen sollte. Deshalb schrieb ich die Lösungen einfach von meinem Tischnachbarn ab. Im Deutschunterricht hatten wir bereits alle Buchstaben durch und die ersten Texte gelesen. Der Einzige, der sich beim Lesen gequält hatte, war ich. Es war mir nicht möglich, aus dem Wust an Buchstaben irgendwelche Worte zu erkennen. Wenn ich vorlesen sollte, lief ich rot an und alle lachten. Es waren einfach zu viele Informationen und Reize auf einmal. Bereits in der 1. Klasse hatte meine Lehrerin meiner Mutter empfohlen, mich auf ADHS, Legasthenie und Dyskalkulie untersuchen zu lassen. Damals wusste ich nicht, was das bedeutete. Meine Mutter nannte mich einfach faul, weil sie wusste, dass ich eigentlich alles konnte, wenn ich wollte. Nun ja, an eine Untersuchung kann ich mich nicht erinnern. Dennoch weiß ich, dass ich auch in den Folgejahren meine Schwierigkeiten hatte und immer zum Schlusslicht der Klasse gehörte, wenn es um die Notenvergabe ging. Irgendwie wurschtelte ich mich durch. Ob ich wirklich eine dieser sonderbaren Diagnosen bekommen hätte, weiß ich bis heute nicht. Dennoch kann ich mich sehr gut in die Schülerinnen und Schüler einfühlen, die damit ihre Schwierigkeiten haben. Interessanterweise hatte sich mit einem Schlag meine komplette Wahrnehmung verändert, als ich damals nach der 6. Klasse umgezogen und in eine neue Schule gegangen war.

Ich habe bereits mit vielen Kindern, Jugendlichen und Erwachsenen gearbeitet, die massive Probleme beim Lernen hatten. Bei einigen wurden auch ADHS, Legasthenie oder Dyskalkulie diagnostiziert. Aus der Zusammenarbeit heraus kann ich sehr selbstsicher behaupten, dass Betroffene wie Nichtbetroffene von den gleichen Tipps und Tricks profitieren. Allen helfen weniger Druck, weniger Notenstress, weniger Vergleiche, mehr Qualitätszeit im sozialen Umfeld, mehr Selbstbewusstsein und Selbstliebe. Solltest du also unter einer dieser Diagnosen leiden, dann hast du vielleicht spezielle Herausforderungen, dennoch kannst du genauso an dein Ziel kommen wie jeder andere.

Im Folgenden gehen wir die 4 häufigsten Typen einmal durch. So erhältst du einen Überblick darüber, welche Probleme auftreten können. Auch wenn du nicht betroffen bist, ist es wichtig, diesen Part nicht zu überspringen, damit der Gesamtzusammenhang erhalten bleibt.

6.1 ADHS

ADHS ist die Abkürzung für die Aufmerksamkeits-Defizit-Hyperaktivitäts-Störung. Dabei handelt es sich um eine häufig diagnostizierte Verhaltensstörung. Betroffene haben Schwierigkeiten mit der Aufmerksamkeit, neigen zu hyperaktivem Verhalten und können sehr impulsiv sein. Das klingt erstmal für viele Menschen sehr erschreckend, zumal es als Krankheit eingestuft wird. Ich persönlich bin da geteilter Meinung und betrachte ADHS etwas anders.

Sicherlich haben Betroffene ihre eigenen Schwierigkeiten, doch gibt es auch jede Menge Vorteile, über die kaum jemand spricht. Sie können sich wie kaum jemand anders in eine Sache vertiefen, sind in der Lage, sehr schnell ihre Strategien zu ändern, können wunderbar visuell denken und sind oft sehr mutig. Genau diese Vorteile sollten bewusst gemacht und gestärkt werden. Denn darin liegt auch der Schlüssel zum besseren Lernen. Wenn Betroffene die Reize reduzieren und sich fokussieren, Strategien, die nicht funktionieren, verwerfen und neue ausprobieren, sowie mutig und selbstsicher bleiben, dann funktioniert es auch mit dem Lernen. Am besten funktionieren die visuellen Lerntechniken.

6.2 Legasthenie

Legasthenie wird in der medizinischen Welt als Wahrnehmungsstörung gewertet. Betroffene haben eine Lese- und Rechtschreibschwäche. Dadurch kommt es oft zu erheblichen Schwierigkeiten in sämtlichen Schulfächern. Denn gelesen und geschrieben wird fast überall. Legastheniker haben häufig sehr viele Rechtschreibfehler, eine langsame Lesegeschwindigkeit und stocken dabei in der Regel. Ebenso fällt es ihnen schwer, den Inhalt gelesener Texte in eigenen Worten wiederzugeben. So viel zu den Schwierigkeiten. Was auch gern wieder außer Acht gelassen wird, ist die Tatsache, dass Legastheniker in der Regel in einigen Bereichen deutlich stärker sind als andere Menschen. Sie haben oftmals eine ausgeprägte dreidimensionale Wahrnehmung, können sehr schnell in Bildern denken und lösen komplizierteste Probleme auf sehr innovativen Wegen. Legastheniker sind mitunter diejenigen, die aus einer Fülle an Informationen das entscheidende Detail herausfinden, das zur Lösung beiträgt. Häufig sind es sehr geduldige und einfühlsame Menschen. Bei ihnen funktionieren visuelle Lerntechniken. Ebenso funktionieren alle Lerntechniken nach der Lernart Trial-and-Error. Sie sind fantastisch in der Selbsterfahrung.

6.3 Dyskalkulie

Wenn Zahlen zu einem Albtraum werden, dann liegt häufig eine Rechenschwäche vor. In Fachkreisen spricht man von Dyskalkulie. Sie kommt etwas seltener vor als eine Lese- und Rechtschreibschwäche, kann dennoch sehr belastend sein. Betroffene haben meistens bereits bei sehr kleinen Zahlen und einfachen Rechenvorgängen Verständnisprobleme. Aus meiner Sicht ist das größte Problem dabei eher, dass diese Kinder und Jugendliche regelmäßig Misserfolge erleben und damit massiv ihren Selbstwert und ihr Selbstvertrauen schädigen. Nicht selten treten Schulängste und depressive Verstimmungen auf. Dyskalkulie an sich ist die eine Sache. Dafür gibt es fantastische Therapeuten und gut ausgebildete Lehrer, die die fachliche Seite auffangen können. Häufig erlebe ich jedoch, dass die emotionale Seite dabei untergeht. Das ist fatal. Denn fachlich wird es dadurch eher schwerer als einfacher.

Für betroffene Kinder und Jugendliche mit einer Rechenschwäche ist es in erster Linie wichtig, die richtigen Mentaltechniken greifbar zu haben, um sich emotional so zu stärken, dass das Selbstvertrauen durch Misserfolge nicht erschüttert werden kann. Erst wenn das erreicht ist, macht es aus meiner Sicht Sinn, verstärkt an den fachlichen Baustellen zu arbeiten. Denn was bringt es jemandem, wenn man ständig das Gefühl hat, dass mit einem etwas nicht stimmt? Zuerst kommt immer das gute Gefühl und dann die entsprechenden Fähigkeiten. Ich habe auch schon öfters erlebt, dass Betroffene psychosomatische Symptome entwickeln. Stressbedingt bekommen sie zum Beispiel Bauch- oder Kopfschmerzen. Wenn zudem noch mehr Druck aufgebaut wird, dann können solche Probleme immer schlimmer werden. Solltest du von einer Rechenschwäche betroffen sein, dann ist es für dich ganz wichtig, zuerst dein Selbstvertrauen so zu stärken, dass dich Misserfolge nicht erschüttern. Denn dann hast du auch die mentale Kraft, schwierige Prozesse mit Erfolg durchzustehen. Ein sportlicher Freizeitausgleich kann dabei ebenso wunderbar unterstützen. Das gilt übrigens nicht nur bei der Dyskalkulie. Ich finde, dass es grundsätzlich so sein sollte. Sicherlich hat jeder auch mal kompliziertere Tage, an denen das Selbstvertrauen ein wenig schwankt. Das ist menschlich und ganz normal. Doch wenn kleinere Misserfolge jemanden gefühlsmäßig aus der Bahn werfen, dann stehen andere Themen an, als weiter irgendwelche Matheformeln zu lernen.

6.4 Hochbegabung

Im Jahr 2012 wurde ich als Experte zu einem Stammtisch von Eltern hochbegabter Kinder eingeladen. Sie wollten etwas mehr darüber erfahren, wie man ihren Kindern helfen könne, besser mit den Herausforderungen in der Schule zurechtzukommen. Man könnte zunächst annehmen, Hochbegabte würden die Schulzeit mit links absolvieren. Das Gegenteil ist häufig der Fall.

Man sagt, dass etwa 2 Prozent der Kinder im Vergleich zu Gleichaltrigen überdurchschnittliche Fähigkeiten und Interessen besitzen. Dadurch entstehen oft Auffälligkeiten, da sie sich schnell gelangweilt fühlen und sich häufig auch nicht richtig für etwas begeistern können. Zudem wird mehr von ihnen erwartet, weil man sie fördern möchte. Das führt jedoch meistens dazu, dass sie anders behandelt werden und sich dadurch selbst als Außenseiter sehen.

Als ich damals auf diesem Stammtisch war und die heißen Diskussionen verfolgte, sind mir sehr schnell die unterschiedlichen Ansätze der Eltern aufgefallen. Den einen war es wichtig, ihrem Kind das Leiden zu nehmen, während die anderen unbedingt wollten, dass ihr Kind der Hochbegabung auch gerecht wird. Es gab Eltern, die hörten meinen Lösungsansätzen gespannt zu. Andere waren nicht so davon angetan, als ich sagte, zusätzlicher Leistungsdruck würde das Selbstvertrauen senken und dem Kind eher schaden. Gerade Hochbegabte durchleben eine ganz eigene Persönlichkeitsentwicklung und Ich-Findung.

Ich bin an diesem Abend auch Eltern begegnet, die den Eindruck machten, unbedingt ein hochbegabtes Kind haben zu wollen. Sie wünschten sich Tipps, wie man aus ihrem Kind noch mehr herausholen könne. Tatsächlich möchte ich niemandem auf die Füße treten, doch ist enorme Vorsicht geboten, wenn Eltern ihr eigenes Selbstwertgefühl auf Kosten ihrer Kinder verbessern. Sie machen das oft nicht bewusst. Doch setzen sie ihre Kinder damit so massiv unter Druck, dass diese irgendwann Selbstfindungsstörungen davontragen können.

Solltest du zu den 2 Prozent der Hochbegabten gehören, dann ist es für dich in erster Linie wichtig, dein Selbstwertgefühl und dein Selbstvertrauen so zu steigern, dass dich nichts aus der Bahn werfen kann. Und das nicht über Leistung, sondern aus einem Gefühl der Selbstliebe heraus. Du wirst dann intuitiv das Richtige tun und musst dich gar nicht so sehr auf Lerntechniken fokussieren. Für dich ist der mentale Teil dieses Buches viel wichtiger.

Beantworte folgende Fragen, um die Inhalte zu verinnerlichen:

- Welche Talente haben Menschen mit ADHS?
- Welche Talente haben Menschen mit Legasthenie?
- Welche Talente haben Menschen mit Dyskalkulie?
- Wie entfaltet sich das Talent von hochbegabten Menschen am besten?

Epilog

„Während für manche die Reise bereits beendet ist, weil sie aufgeben, so beginnt sie für die anderen, die nun loslegen."

Robert D. Hülsmeyer

Als es mir damals gelang, von einem Fünfer-Schüler zu einem Einser-Schüler zu werden, war mir nicht klar, was eigentlich geschehen war. Vieles habe ich intuitiv verändert und andere Sachen kamen durch etwas Glück hinzu.

Richtig verstanden habe ich es erst später. Hätte ich die Inhalte aus diesem Buch damals schon so komprimiert zur Verfügung gehabt, dann wäre es mir sicherlich noch einfacher gefallen.

Du hast nun den Vorteil, dieses Buch in Händen zu halten und damit arbeiten zu können. Damit du einen gesamten Überblick über die Zusammenhänge und Bausteine bekommst, fassen wir nochmal alles im Schnelldurchgang zusammen.

Zu Beginn hast du dir Gedanken darüber gemacht, was du tatsächlich erreichen möchtest und warum. Das ist nicht nur für die Schule wichtig, sondern für das gesamte Leben. Wenn wir nicht wissen, wohin die Reise gehen soll, dann werden wir Opfer der Umstände und müssen uns dem fügen, was passiert. Der Mensch ist jedoch von Natur aus ein Schöpfer. Und deshalb sind Visionen und Ziele so wichtig.

Natürlich reicht es nicht aus, nur zu wissen, wo man hinwill. Schließlich können wir nicht einfach etwas im Universum bestellen und dann faul im Sessel sitzen und abwarten. Man muss zunächst verstehen, wie Lernen funktioniert. Und das nicht zu allgemein, sondern für einen selbst. Gehirngerechtes Lernen funktioniert am besten, wenn wir beide Gehirnhälften optimal miteinander synchronisieren. Auf der linken Seite ist der logische und analytische Teil, auf der rechten Seite der emotionale Teil. Immer dann, wenn wir Logik mit Emotionen koppeln, haben wir gute Voraussetzungen zum Lernen. Das Unterbewusstsein hilft uns, in den richtigen Momenten die erforderlichen Informationen abrufen zu können. Vielleicht erinnerst du dich noch, wie das Unterbewusstsein funktioniert. Es braucht eine exakte Anleitung von uns, damit es sich an Abläufe und Inhalte gewöhnen kann.

Wir haben uns angesehen, wie es dir gelingt, optimale Lernvoraussetzungen zu schaffen, wie du dir Ziele setzt, Prioritäten festlegst und deine Zeit richtig managen kannst. Die ABC-Methode, Ivy-Lee-Methode, ALPEN-Methode und das Eisenhower-Prinzip helfen dir dabei. Ebenso hast du viele nützliche Hinweise dazu bekommen, wie eine perfekte Lernumgebung sein sollte. Dabei kannst du auch deine eigene Kreativität mit einbringen. Mache dir Gedanken zu deinem Lernzimmer, wo du den Schreibtisch hinstellst, wie du die Beleuchtung ausrichtest, welche Pflanzen und Dekorationsgegenstände dir Ruhe und Kraft geben, welche Musik du hörst und wie du Ordnung und Sauberkeit sicherstellst.

Durch den Lerntypentest konntest du herausfinden, welche Ausprägungen du beim Lernen hast. Dementsprechend solltest du deine Lernmethoden auswählen, um schnelle und nachhaltige Ergebnisse abliefern zu können.

Wiederhole den Test gerne von Zeit zu Zeit, da sich Vorlieben verändern können. Vielleicht entdeckst du dadurch verborgene Talente in dir.

Die meisten Eltern, Schülerinnen und Schüler schauen in Problemsituationen sehr stark auf Lerntechniken. Sie suchen eine Methode, um die schwierigen Hürden möglichst schnell zu meistern. Das ist leider oft der falsche Ansatz. Denn der Zustand, in dem man sich beim Lernen befindet, ist eine wichtige Grundlage, die nicht fehlen darf. Wenn du Lerntechniken mit schlechter Laune anwendest, dann wirst du sie irgendwann doof finden. Daher ist es für das Gehirn wichtig, zunächst an seinem Zustand zu arbeiten. Um das zu realisieren, hast du 12 sehr starke Mentaltechniken erhalten, die deine Lernmotivation sicherstellen sollen. Teste gerne alle Methoden aus, um für dich herauszufinden, welche dich mental am stärksten machen. Es gibt dabei kein richtig oder falsch. Das, was funktioniert, gewinnt.

Sobald du deinen mentalen Zustand selbst steuern kannst, ist der richtige Zeitpunkt gekommen, um dich mit den unterschiedlichsten Lerntechniken auseinanderzusetzen. Die 10 besten Methoden hast du erhalten. Du kannst damit Abläufe, Listen, Inhalte, Strukturen, Zahlen, Daten, Fakten, Vokabeln und komplexe Zusammenhänge in deutlich schnellerer Zeit verinnerlichen. Wichtig dabei ist, dass auch diese Techniken ihr volles Potential nur entfalten können, wenn du in einem guten mentalen Zustand bist.

Solltest du von ADHS, Legasthenie, Dyskalkulie oder Hochbegabung betroffen sein, dann gelten auch hier die gleichen Leitfäden für dich. Wahrscheinlich sogar noch mehr als für andere.

Vor welchen Herausforderungen du auch immer stehst – mach dir bewusst, dass es für alles eine Lösung und einen Weg gibt. Du musst nur bereit sein, diesen Weg zu gehen. Dabei wünsche ich dir alles Gute und maximalen Erfolg.
Ich bin an deiner Seite.

Mit den besten Wünschen
Robert D. Hülsmeyer

Danksagung

Immer, wenn wir vor neuen Aufgaben stehen, dürfen wir uns bewusst machen, dass wir diese Aufgabe nicht alleine lösen und erfüllen müssen. Selbstverständlich habe ich das Buch selbst geschrieben, doch die Erkenntnisse, die Erfahrungen, das Wissen und die Ideen habe ich nicht selbst auf diesen Planeten gezaubert. Sondern dies war nur möglich, weil mich andere Menschen auf unterschiedlichen Lebenswegen begleitet, herausgefordert und unterstützt haben. Es ist nicht möglich, alle Menschen, denen ich von Herzen danke, namentlich zu nennen, da dies den Umfang eines eigenen Buches hätte.

An dieser Stelle bin ich allen meinen direkten und indirekten Weggefährten dankbar, denn jeder hat irgendwie etwas dazu beigetragen, dass ich heute der Mensch sein darf, der ich bin und dass dieses Buch entstanden ist.

Mein besonderer Dank gilt:

Wilhelm Brosius, Ilse Brosius, Monika Hülsmeyer, Norbert Mathies, Andreas Fritz, Katja Heinrichs, Angelika Heinrichs, Wofgang Heinrichs, Nica Juline Hülsmeyer, Kerstin Hülsmeyer, Millane Hoppe, Lara Hoppe, Eike Hoppe, Dr. Rahasya Kraft, Deniz Vorhoff, Ottilie Lilienthal, Oliver Lilienthal, Hans-Georg Gantenbrink, Peter Rehbein, Rainer Schälte, Robert Uhmann, Achim Plassmann, Josef Mörchen, Dr. Wilhelm Prünte, Otto Prange, Oliver Wendt, Anthony Robbins, Brian Tracy, Bodo Schäfer, Prof. Samy Molcho, Jürgen Höller, Mike Dierssen, Frederik Beyer, Vera F. Birkenbihl, Danny Adams, Carsten Crane, Markus Hofmeyer und alle weiteren Familienmitglieder, Mentoren, Kunden, Lieferanten, Partner, Ex-Partnerinnen, Kritiker und Weggefährten.

Erfolg ist niemals alleine möglich. Immer wenn wir uns Ziele setzen, und diese auch erreichen, dann sollten wir uns bewusstwerden, dass wir diese niemals alleine erreichen. Jedes Ziel, dass sich ein Mensch setzt und auch tatsächlich erreicht, hat immer auch andere Menschen benötigt, um es zu realisieren. Und dafür dürfen wir auch dankbar sein.

Ergänzende Literatur

Das grosse Buch der Lerntechniken, Circon Verlag GmbH - 10. Auflage - 2005 von Bettina Geuenich

Bestanden wird im Kopf!, Springer Gabler - 2. Aufl. 2013 von Gaby Mortan

Sorge dich nicht – lebe!, Knaur – 2001 von Dale Carnegie

Kommunikation des Herzens, ShenDo Verlag - 25. Juli 2013 von Dr. Rahasya Fritjof Kraft

Ein neues Ich, Koha - 10. Oktober 2012 von Dr. Joe Dispenza

Emotionen: Frei von Angst, Eifersucht, Wut, Goldmann Verlag - 1. Juni 2000 von Osho

Das Prinzip des geistigen Erfolgs, Allegria - 1. Auflage Dezember 2004, von Anthony Robbins

Das Power Prinzip, Ullstein - 1. Oktober 2004, von Anthony Robbins

Gewaltfreie Kommunikation, Junfermann - 10. Auflage 16.Juni 2012, Marshall B. Rosenberg

EQ. Emotionale Intelligenz, dtv Verlagsgesellschaft – 1. Mai 1997, von Daniel Goleman

Emotionale Intelligenz 2.0, mvg Verlag - 4. März 2016, von Travis Bradberry & Jean Greaves

Die Macht der Emotionen, Piper ebooks 8. Dezember 2014, von François Lelord

Emotionen als Ressourcen, Beltz - 3. September 2013, von Dr. Jan Glasenapp

Gefühle im Griff, Springer 1. Juni 2015, von Barnow, Reichenbacher

Das große Buch der Gefühle, Beltz -1. Oktober 2014, von Udo Baer & Gabriele Frick-Baer

Wenn die Haut zu dünn ist, Kösel-Verlag - 11. Auflage 25. April 2014, von Rolf Sellin

Werde wer du sein willst, GRÄFE UND UNZER Verlag GmbH - 5. September 2015, von Robert Betz

Ich freue mich auf dein Feedback

Für mich ist es sehr wichtig, Feedback zu meinem Buch zu bekommen. Wenn du Anregungen oder Verbes-serungsvorschläge hast, so schreibe mir doch bitte eine Mail an robert@rd-huelsmeyer.com bevor du eine schlechte Bewertung abgibst. Ich freue mich sehr über konstruktive Kritik. Da es mich viel Zeit und Energie gekostet hat, dieses Buch zu erstellen, wäre ich dir sehr dankbar, wenn du mir anstelle einer schlechten Bewertung deine Verbesserungsvorschläge persönlich zukommen lässt. Denn dann hätte ich eine Chance, deine Kritik anzunehmen und mein Buch zu verbessern.

Über eine Rückmeldung in Form einer Rezension auf Amazon würde ich mich ebenfalls sehr freuen. Diese kannst du wie folgt erstellen: Besuche auf Amazon.de die Produktseite des Artikels, für den du eine Rezension erstellen möchtest. Klicke unter Kundenrezensionen auf „Kundenrezension verfassen“. Bewerte den Artikel und verfasse deine Rezension.

Alternativ kannst du diesen Link benutzen, der dich direkt auf die Seite leitet, auf der bestellte Produkte zu bewerten sind. Der Link ist verschlüsselt und sicher:

https://mellontikos-verlag.com/Bewertung

Über den Verlag

Der junge, moderne Verlag MELLONTIKOS wurde 2021 gegründet mit dem Ziel, seinen Leserinnen & Lesern nützliche sowie hochwertige Qualitäts-Ratgeber zu den verschiedensten Themen anzubieten, die allesamt von erfahrenen Expertinnen & Experten stammen.

Der Mehrwert der Bücher steht absolut im Vordergrund und besteht darin, clevere Lösungen leicht verständlich vorzustellen und Sie zu inspirieren.

Genau deshalb arbeitet der Mellontikos Verlag ausschließlich mit ausgewählten Schriftstellerinnen & Schriftstellern zusammen, die eine große Expertise und einen langjährigen Erfahrungsschatz vorzuweisen haben.

Diese stellt Ihnen der Verlag auf seiner Webseite persönlich vor, damit Sie sich selbst ein Bild machen können von dem hochqualifizierten und engagierten Autorenteam sowie den aufwendigen Werken.

https://mellontikos-verlag.com

Haftungsausschluss

Der Autor übernimmt keinerlei Gewähr für die Aktu-alität, Korrektheit, Vollständigkeit oder Qualität der bereitgestellten Informationen und weiteren Informationen. Haftungsansprüche gegen den Autor, welche sich auf Schäden materieller oder ideeller Art beziehen, die durch die Nutzung oder Nichtnutzung der dargebotenen Informationen bzw. durch die Nutzung fehlerhafter und unvollständiger Informationen verursacht wurden, sind grundsätzlich ausgeschlossen, sofern seitens des Autors kein nachweislich vorsätzliches oder grob fahrlässiges Verschulden vorliegt. Alle Angaben wurden vom Autor mit größter Sorgfalt und nach bestem Wissen und Gewissen recherchiert oder spiegeln seine eigene Meinung wider. Der Inhalt des Buches passt möglicherweise nicht zu jedem Leser und die Umsetzung erfolgt ausdrücklich auf eigenes Risiko. Es gibt keine Garantie dafür, dass alles genau so bei jedem Leser zu genau den gleichen Ergebnissen führt. Der Autor und/oder Herausgeber kann für etwaige Schäden jedweder Art aus keinem Rechtsgrund eine Haftung übernehmen.

Urheberrecht

Printed in Poland
by Amazon Fulfillment
Poland Sp. z o.o., Wrocław

88956018R00080